结债成网

——企业债应对方法论

房星光 著

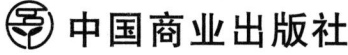
中国商业出版社

图书在版编目（CIP）数据

结债成网：企业债应对方法论／房星光著. -- 北京：中国商业出版社，2020.4
ISBN 978-7-5208-1124-8

Ⅰ.①结… Ⅱ.①房… Ⅲ.①企业债务–研究 Ⅳ.①F275

中国版本图书馆 CIP 数据核字（2020）第 054302 号

责任编辑：孔祥莉

中国商业出版社出版发行
010-63180647 www.c-cbook.com
（100053 北京广安门内报国寺 1 号）
新华书店经销
北京紫瑞利印刷有限公司印刷

*

880 毫米×1230 毫米　32 开　4.75 印张　92 千字
2020 年 4 月第 1 版　2020 年 4 月第 1 次印刷
定价：39.80 元

* * * *

（如有印装质量问题可更换）

前　言

　　经济生活中的人们不仅善忘，而且更加善变。2008年经济危机给社会所带来的苦和痛若非刻意在脑海中搜寻，恐怕早就淹没在经济生活的细小琐碎中。仅仅十多年的匆匆时光，我们对储蓄和负债的态度就发生了变化，从普通公民到社会精英，再到企业法人，曾经一度流行贷款置业、举债发展，这种潮流已经形成一种富有道德感召力的风气，似乎谁不负债谁就逆风而行，似乎谁不负债谁就与风口擦肩而过，谁不负债谁就永远不会站在风口之上。在经济发展和转型的裹挟中，大多数人表现得无力反抗，随波逐流似乎就是对"负债"的最大反抗了，而类似如笔者一样反思"负债"的人，反而成为异类了。不过，笔者惊讶的不仅仅是转变速度之快，更多的是"变化"本身。倘若这种"变化"是2008年世界经济危机带给我们唯一的现存成果，笔者发自内心地诅咒那场未曾走远、脚步声可闻的"经济危机"。对利益的渴求，推动着经济的发展，这已被经济学视为常识。在一个个具体的经济行为之中，"逐利"的代价表征为"债务"，"逐利"的目标表征为"债权"。任何企业自设立至消亡的整个存续生命周期内,都在债务产生和债权实现中度过。倘若债务承担小于债权实现则盈利,反之,债务承担大于债权实现则亏损。债务与债权的平衡是全部企业必备的技能,让债务和债权保持适度的松紧将是最大的学问。然而,在纷繁复杂的经济生活中,具体"债务"的负担和具体"债权"的实现都将面临十分复杂不确定的因素,诸如政策变化、科技进步、交易对手经营状况等,其中"经济周期"最值得论道,但又最无力抗拒其影响。1997年亚洲经济危机主要表征为"货币汇率"失控,2008年发端美国的"次贷危机"后遗症在国内企业表征为"联保联贷",十多年后贸易战摩擦背景下的今天呢?这需要睿智且勇敢的经济学家给出事后可以自傲的答案。作为在法海畅游的笔者,更想从法律业务案例中提取微观层面以个案呈现出来的现象,进行观察和思考,以期为身陷债务困境的企业以及企业家炖煮一碗真正富有营养的"心灵鸡汤"和个案解决思路。本书后面章节所有满含深情的一切努力,并不是笔者基于悲天悯人的个人情怀,而是同样作为市场参与者的律师"成人之美"后自我救赎——律师希望人人打官司,这是最恶毒且不负责任的"以小人之心度君子之腹",社会安定、经济发展才是我们律师界全部工作终极目标。另外,更深层次原因在于,畅游"权利"与"义务"江湖的律师深知,任何权利的实现必须仰赖对应义务的履行,在西方"长勺喂汤"的典故中，律师其实也是其中手握长勺"喝汤"一员，帮助企业和企业家稳健发展，其实更有利于律师整体福祉的增加。不可否认，减少诉争会降低部分律师业务的收入，但解决诉争打官司只是律师的基本技能，并不是律师业务的全部。通过对企业和交易对手权利义务的合理妥善前置安排，让每笔"债务"都富有效率，让每笔"债权"都得以顺利实现，这才是律师的最高使命和灵魂追求！

国家给了社会大众所必需的安全保障以及各项自由和权利，企业则直接或间接地将国家赋予的自由和权利，落实为普通百姓的具体福祉。企业是市场经济最基本的参与者，也是当今普通百姓生活必需品的主要供给者和提高者。但是，企业和企业家生存环境仍然存在诸多疑虑，甚至企业家自身也存在对自身的误解。纠正这些误解，给企业家思想再次松绑，并给予鼓励，是造福社会大众的必要，也是落实国家善待企业家政策的民间响应。本书的宗旨，就是努力为身陷债务泥淖的企业和企业家提供一份富有营养的"心灵鸡汤"和救赎之道，以助力企业家思想的解放和使命的追求。2008年世界经济危机爆发十年后，在经济周期和外部贸易保护主义抬头双重影响下，我国很多企业债务压力陡增。本书着眼于对企业债务的误解纠偏，并给出尝试性的解决思路，以期正视企业债务的风险，为企业和企业家营造良好的债务应对舆论环境，进而促进企业良性发展。尽管笔者提出尝试性的解决思路，并附有生效判决文书予以佐证，但也只是设想，具体个案不可照搬照抄地去解决。需要提前释明的是，本书所谓"企业债"包含"债权"和"债务"两个方面，但本书余下部分倘若未特别注明，则"企业债"偏指"企业债务"，以为行文的便利。

目　　录

第一部分　经济观察 ·················· 1

第一章　永在的企业债（什么是企业债）·········· 1

第二章　道德、经济、法律与企业债（企业债属性）················ 5

第三章　结债成网（企业在债链条中的角色）······ 10

第四章　业务扩张下的债承压（企业债应有边界）················ 14

第五章　最后的稻草（企业债失控的危险性）······ 18

第六章　企业债困兽的牢笼（企业债原本可控）················ 21

第七章　朴素的负罪感（债务人的心理）·········· 25

第二部分　法律解决方案 ·················· 30

第八章　穿透企业债的迷雾：企业债尽调·········· 30

第九章　魔鬼细节：企业债的分类················ 34

第十章　灰飞烟灭：债的灭失 …………………… 39
　＊附录一　债的灭失 …………………………… 43
第十一章　时间就是生命：企业债展期 …………… 65
　＊附录二　企业债展期 ………………………… 69
第十二章　平衡的艺术：债务豁免 ………………… 98
　＊附录三　债务豁免 …………………………… 101
第十三章　异化的企业法人制度：公司债务还是
　　　　　股东债务 ……………………………… 123
　＊附录四　公司债务还是股东债务 …………… 127
第十四章　未知的世界：其他方法 ………………… 136
第十五章　常伴左右：润物无声的事前防范 …… 139
　后　　记 …………………………………………… 142

第一部分　经济观察

第一章　永在的企业债（什么是企业债）

生活总是让我们遍体鳞伤，但到后来，那些受伤的地方一定会变成我们最强壮的地方。

——海明威

人们对任何事物的认识，不应只停留在其外在，而应剖析其内在实质；也不能以个人喜好去"定义"事物，而应综合依据事物的"外在和内在"为其命名。因为"外在"过于肤浅，"内在"过于局限，而"个人喜好"又属于主观，主观上的东西太过于多变，以至于捉摸不定。本书讨论的"企业债"，若要尝试为其定义，也是面临如此窘境，颇费周章，但笔者仍不揣简陋，甘愿一试，贻笑大方。

企业租赁办公场地需要支付租金是"债"，企业闲置场地出租出去应收租金也是"债"；向上游原材料供应商采购是"债"，向产业链下游供应材料也是"债"；雇用工人应付工资是"债"，企业经营应缴税费也是"债"，企业日常经营中产生的应收、应付以及已经实际支出、交付过的也是"债"。企业债不仅仅限于尚未实现的,还包括一切已经切实"实现"的,"未来"和"现实"的时空纬度并不妨碍"债"的存在。钱的应收应付是企业债,产品或服务的应交付和应收取也是债。债所指向的对象并不限于日常所见且习以为常的"钱"——尽管金钱是债最常见的表现形式,债所指向的对象包罗万象,不同行业的企业所运营或经营的一切商品、服务或商品和服务结合体都是"债"的载体。世界上有多少商业就有多少企业债,商业无边界,企业债也无边界。债虽"大肚能容",但其本身是"一体两面",恰如硬币:以"请求交付"为一体,可以请求交付的是"债权",被请求交付的是"债务"。比照开端所给出的"定义"方法,企业债即是市场主体一方向另外一方主张交付特定标的而发生的债权债务关系。如此来说,酒会上觥筹交错的交际邀约不是企业债,只是企业债的序曲或前奏,而职场精英酒后微醺签署的每一笔或大或小的业务单都是企业债;大客户经理"梅开二度"(二婚)让其他企业家不得不送去"超级红包"不是企业债,该客户传真过来模糊不清的每一个订单却都是企业债;年底"尾牙"上不得不派发的各类超级诱惑的"大奖"也不是企业债,而企业少付哪怕0.1元的工资都是企业债的一部分。诸如此类,有关企业债的"是"和"不是"无可尽数,无法详列。但是，企业债却常伴企业，永不离去。事实上，大多数企业家并不认为无"债"一身轻，相反更喜欢被"债"所环绕，甚至希望最好有无数的"债"，因为只有"债"才能赚取企业家所期望的利润，只有"债"才能让企业和企业家找到被需要的感觉，进而确立企业的市场价值。倘若一家企业长时间没有"债"，也就意味着该企业没有订单和业务，也就是被市场判了"死刑"。虽然市场监管部门不会勒令其关门，但该企业也会因自身不被市场需要而最终归于消亡。企业债就是企业整体的一部分，企业期冀企业债权而生，终将也会被无序疯长的企业债务拖累而死。简单的结论是，企业债是标定企业价值的客观尺度，企业债本身并不可怕。

企业债之于企业，像牛身上的牛虻、海滩上的沙粒、人体上的毛发。对一些企业来说，企业债是压顶大山、深陷沟壑。而对另外一些企业来说，企业债也是高山，只不过这些高山峻岭成为该企业的垫脚石；企业债也是沟壑，只不过这些沟壑成为其他企业进入的"壁垒"，让该企业活得更滋润。企业债是无情的、中性的，而企业家则是理性的、多愁善感的。只有那些勇敢无畏、智慧超群的企业家，才能平衡好企业债与企业发展阶段所需的债务规模，才能带领企业跨过许多"企业债"的高山沟壑、悬崖绝壁，才会帮助企业登顶山峰。在债务违约频发的年度这将变得更泾渭分明，潮水退去不仅能看到谁在裸泳，更会发现沙滩上留下多少不堪"企业债"重负的牺牲体。企业债曾为企业以及企业家带来酣畅淋漓的痛快与愉悦，也为企业以及企业家带来挥之不去的痛，带着1997年的"汇率疯"，穿过2008"联保联贷"的丛林，那些让企业以及企业家遍体鳞伤的痛，在今天必将成为企业和企业家最强壮的地方。因为，所有伟大的企业都是在"企业债"重压考验之下成长发展起来的，每一个"企业债"对企业都是一次历练，市场以及企业财报最终会告诉企业哪个业务方向是其业务强项，而这些业务强项恰恰是"企业债"发生频次最高的地方，也是企业未来发展的方向。

第二章　道德、经济、法律与企业债(企业债属性)

> 世上只有一种英雄主义，就是认清生活的真相后依然热爱生活。
> ——罗曼·罗兰

人们并不惯常思考哲学问题，因为既痛苦又无聊，但对追求财富、名誉等愉悦且美好的事物却趋之若鹜。不过，经久不衰的经验是，像堂吉诃德一样战斗过、追求过后，发现富贵仍是如浮云，财富依然可望而不可得时，才会开始哲学式思考：别人为什么富甲一方，我为何穷困潦倒？每个人的答案也许千差万别，但笔者给出的答案却显而易见：别人一开始就学会了哲学式思考，而你也许从来没有！不过，笔者深信企业家不会如此，企业家为了追求财富一直勤勤恳恳、任劳任怨，对转变一种思维方式，其更不会抗拒。基于此，就不难理解为何我们如此心急火燎地在讨论完"企业债"的真实面目后，立即讨论这个颇有哲学意味的"道德、经济、法律"议题的原因了。以哲学的视角讨论企业债，不是笔者的专利，却是笔者的先创。哲学式地讨论企业债，不一定能够贴近可感知的企业债，就像极端情形下的假设，不见得能够反映普遍性的客观事实，但哲学式的讨论，却可以发现企业债的本质属性。让附着在"企业债"表面上容易误导企业家和普罗大众的假象剥离开来，以发现"企业债"的内核，呈现"企业债"的本质属性。

　　好吧，自此开始哲学式的思考旅程，就像企业家追求财富的旅程。企业家在追求财富的旅途中，均在坎坷中奔跑，在火中取栗，在挫折中前行，时常忧愁缠满全身，痛苦如汗抛洒全程，明明很累却从无止歇，时时很苦却必须含辛茹苦。在这些方面笔者和众多企业家朋友们一样感同身受，这不是虚情假意的逢迎，而是因为笔者所从事的职业是商业的一部分，是市场参与者之一。从某种程度来说，律师也是"企业家"——中小企业主，要为寻找业务而努力，要为处理业务案件而奋斗。更残酷的现实是，律师是业务招揽和业务处理"一肩挑"！而大多数企业家并不亲身参与具体事务的处理，企业家仅仅是企业的领导者、所有者。基于领导者和所有者的企业家身份，企业没业务没订单苦，但有业务有订单收不回钱更苦；寻找能够提供价廉物美商品或服务的供应商累，被该供应商讨债上门更会心累。恰如张养浩的《山坡羊·潼关怀古》所述的类似场景：债权苦、债务累。

　　企业家对"企业债"的苦累感，以笔者的观感来看，其实质乃是"责任感"的体现。以笔者执业经历所接触的企业负责人为例，大多数企业家不能说实现"财富自由"，但绝对可以做到"衣食无忧"。此类企业家为何还要如此努力？企业家给出的原因，其自我表述时可能会因人而异，但最常见的无外乎：跟随多年的职员需要养家糊口、对政府纳税承诺等理由。归根结底就是：造福他人和社会，承担社会公共职能。这已经不是经济范畴的事了，这是道德范畴的事。企业家承担了社会和政府的职能，企业家发挥了这一群体应尽的社会角色义务，却时常背负着沉重的财务压力，面对着残酷的市场竞争，有时面临着倾家荡产的风险。所谓的"为富不仁"，在企业家群体里不能说绝对没有，但在市场竞争法则下绝对是少数。残酷的市场竞争环境，几乎让企业家在"为富"的同时，没有"不仁"的可能，甚至没有"不仁"的机会。因为企业家的任何"不仁"都会被社会舆论在放大镜下检视，在残酷的市场环境和严苛的法律之下，聪明过人的企业家必然懂得如何取舍"仁"与"不仁"。事实上，只有"仁"才能让企业基业长青，而"不仁"使企业破产倒闭只在旦夕之间。为了让企业活下来，企业家别无选择，只能是"为富必仁"！另外，企业家的前述苦累感，也是对企业未来发展前景的一种隐忧所致，是基业长青和破产倒闭的经济困扰。归根结底，这统统又都是"企业债"的事，是"企业债"惹的祸——或曰责任。从"企业"自身来说，企业债的产生在道德上并不十分高尚，但也不是十恶不赦。甚至少数个别企业债务的违约，也只是经济下行压力下的真实反映，其本身不具有任何道德性——虽然企业家有道德观，但企业债不能用道德标准来衡量。

笔者认为，企业债务的违约只有经济和法律属性。面对违约和被违约（债务人和债权人）依法应对，妥善处理即可。只有在法院诉讼之后，依法被列为失信被执行人，也就是大众口中所谓的"老赖"之后，才是有关道德范畴的事。作为职业律师的笔者，总是不厌其烦地宣称：面对企业债务违约风险不断加大，不要抱有幻想和侥幸心理，提前找专业机构处理，才是上策。如此提议，不是为律师这一职业群体的利益考虑，而是为企业家和企业的利益考量。因为只有各类企业良性发展，才能带来整个社会福祉的提升。我们不应为"企业债"附加任何道德枷锁。杀人、抢劫、盗窃的犯罪嫌疑人都知道寻求法律帮助，欠钱负债的企业家难道不会寻求法律帮助吗？法律保护每一个努力的人，但法律不保护在权利上睡眠的人。企业作为债务人时不应当在"权利"上睡眠，而应当积极寻求法律帮助。关一扇门，开一扇窗，是上帝的高尚；企业有债，提前谋划，是自我的救赎！但企业以及企业家不应寄希望于宗教式的"救赎"，更应该以科学的态度、缜密哲学式的思维解决"企业债"的全部困境和疑惑，在认清企业债的属性后，放下思想包袱，享受必经的苦痛，努力找寻创立企业的初心，做自己企业的"盖世英雄"。企业家若明白于此，笔者的絮叨也就有哲学上的价值了。

本章节的结论是：企业家可以基于道德层面考量"企业债"，这是责任感的体现。但"企业债"本身只有经济和法律属性，其本身不具有任何道德属性。

第三章　结债成网（企业在债链条中的角色）

> 没有谁是一座孤岛，每本书都是一个世界。
> ——加布瑞埃拉·泽文

　　法律面前人人平等，是一个正确无比而且深入人心的价值理念。但"法律面前人人平等"之"人人"，一般是针对活生生的"自然人"而言，即张三、李四和王五之间的平等。除了"自然人"，还有一类"人"在当今社会无孔不入地渗透并影响着我们的工作和生活，即"企业法人"，通俗的名称叫"公司"。把"人"一分为二地区分后，笔者首先尝试分析一下两者的区别，再切入本章节主题，为解释企业债如何结成网络提供前提。

　　作为生物学意义上的"人"与法律上拟制的"企业法人"的区别表现在很多方面，其中有关建立联系的方式最值得咀嚼回味。自然人之间可以依赖"血缘""友情""亲情"以及"法律契约"建立或紧或松、或远或近的联系，但企业法人之间的联系几乎全部依靠"法律契约"。能够一见如故的肯定是"自然人"，企业法人之间无论业务领域如何契合，也很少会"心有灵犀"，在企业负责人或业务员间"相见恨晚"的虚情假意下掩藏着赤裸裸的利益交换，虽大多数企业家不愿当面承认，却是不可更改的事实。

　　不愿承认基本事实，虽然有点道德意义上的瑕疵，但企业法人之间这种依靠"法律契约"建立起来的利益交换却并不可耻，关键是通过"法律契约"在企业法人之间建立起来的联系是以什么样的形态存在。在此之前，"法律契约"就是本书所说的"企业债"，虽然契约不是"企业债"建立的唯一方式，但契约绝对是"企业债"建立的最主要方式。世人皆认可的共识是"法律契约"以及其他任何形式的"企业债"大都是"双方"合议的结果，虽然存在少部分多方协议，也存在"侵犯权利"等而生的"企业债"，但法律契约而生的企业债毕竟是主流、常态。在企业日常的业务开展之中，为了以法律形式将双方的权利、义务固定下来，企业会和上游供应商或下游客户签署法律契约，建立"企业债"，这是以单个特定"企业"自身作为参照基准的判断。企业的"上下游"供应商或客户也会有自己的"上下游"供应商或客户，他们彼此之间也会以"法律契约"的形式建立"企业债"关系，如此便在特定的行业形成长长的"企业债"链条，每一个参与行业运行的企业均身处其中，差别仅仅在于在"企业债"链条中所处的位置不同。如此，似乎企业法人之间"债"的存在形态就是"链条状"，但每个企业生存所需绝不仅仅限于"上下游"供应商和客户之"纵向联系"，企业也会在"横向"与同业竞争者为了达成某种"默契"建立具有法律约束力的"企业债",比如为了"划分市场""价格固定"等。当然,和纵向的上下游一样,特定企业的横向也存在"左右"的企业间关系,如此在"横向上"企业法人之间也会形成长长的"企业债"链条。在"横向链条"和"纵向链条"的交叉点上,自然就是我们为了探讨便利需要特别选取的"企业法人"自身了,但真实的市场存在无数个类似"企业法人",会形成无数条"企业债"链条,彼此交叉,错综复杂。在无数企业有意识地开展业务从而建立"企业债"关系时,也无意识地让"企业债"绳绕如网,是为"结债成网"。

每个单独的企业法人只是"结债成网"中的一个节点。只要参与市场竞争,企业法人在"结债成网"之中就无人幸免、无法逃离。每个生而自由平等的企业法人,却无时无刻不在"债网"的枷锁之中。在"结债成网"之中的企业和企业家,与其挣扎,不如安享,千杯清茶洗不了企业奔袭的风尘,万盏烈酒入不了企业的绕肠豪情,唯有静享债网其中,不做"漏网之鱼",才能提纲挈领、纲举目张,为企业赢得机会。桃花岛再美,也留不住古灵精怪的蓉儿,因为岛上没有靖哥哥;就算处在江湖生物链顶端的黄老邪,也负情债、坠爱河,才故步自封在桃花岛。没有哪个企业愿意"与邻为壑"自绝于市场各要素之外,自负建岛独居。所谓"全产业链"的企业愿景，只会沦为宣传文案，企业终将主动参与市场竞争，"自甘堕落"坠入"债网"。结债成网，债网之中是一个丰富多彩的企业生态世界，需要企业家以"企业债"为纽带不断地去探索自身企业在市场之中的价值和意义。

第四章　业务扩张下的债承压（企业债应有边界）

财富就像海水，饮得越多，渴得越厉害。

——叔本华

"心有多大，舞台就有多大"，笔者承认这是一句鼓舞人心的话语，但在企业发展之中并不适用，至少怂恿企业债无限扩大是不理性的。据笔者所见，任何主动的业务行为都可能会带来企业经营业务规模的扩张和增加，而成效和代价则都是"企业债"的扩张和增加。对于富有狼性的企业家来说，业务规模的扩大是其梦寐以求的事，是商业上开疆拓土的伟业，实现对竞争对手碾压式的规模优势是企业家孜孜以求的梦想。大多数企业家都会放任业务规模的无限扩大，同时对"企业债"的规模却表现得漠不关心，对企业债规模和企业发展的匹配更是思虑不周——甚至压根没有考虑过。对业务规模的无限扩大几乎是企业家唯一的追求，对其他因此衍生的负面情况一概视而不见，其中"企业债"尤甚。这其实是盲目的追求，是对规模的最大误解。

倘若企业家眼中只有规模，倘若在追求业务扩张的时候丢掉了富有价值的谨慎和理性，这将把原本优良的企业拖入危险的境地。经济学经典教义总是假设"人"

皆富有理性，但现实经济生活中理性有时并不发挥作用，这不是"理性"的错，而是"人"的错，包括企业家在内的"人"都会有欲望，欲望是理性不起作用的罪魁祸首。小学教科书中《我要的是葫芦》寓言就是欲望导致理性失败的最好例证。错综复杂的葫芦藤，和"结债成网"企业群体并无二致，任何枝叶或一朵小花开始生虫，皆会蔓延开来，任何"只要葫芦"而不履行管控措施的盲目，都会导致恶果。当"结债成网"的任一企业或几个关键节点企业，陷入业务扩张带来的"企业债"而承压不住时，债务违约将会在企业间链条式传播，从而形成不可阻挡的债务违约潮，当违约潮以涟漪的方式不断扩大，波及"结债成网"的其他企业时，经济危机的发生也就不足为奇了。为了避免企业自身的债务违约、违约潮以及经济危机的发生，我们必须控制企业的业务规模扩张——就像管控每条葫芦藤上的虫子一样，而这种业务扩张的控制即是"企业债"的边界。如此，在富有冒险精神的业务扩张需求和"企业债"控制需求之间便会出现矛盾的张力，业务扩张必然让企业债承压。为了避免企业债违约，就必须为其限定边界，而且限定的"边界"必须是详细和明确的。"企业债"规模扩张的边界并不能以固定资产规模作为判断基准，也不能以预期收益作为基准，更不能以企业家的雄心壮志为参照，而应以可支配"现金流"即"在手资金"作为基准。当一个企业需要以"固定资产"作为代价和筹码去融资进行业务扩张的时候,该企业恐怕已经处在债务违约甚至财务破产的边缘。此时,任何交易对手都需注意并正视该企业债务违约的风险。

大多数企业以及企业家处于困境时,尤其又处于经济新常态的大环境下,无不着力在业务开拓上,寄希望于业务扩张挽救身处泥淖的企业。但仔细观察企业年度现实场景,往往却是这样的:上半年苦命狂揽业务,下半年死命追欠款;上半年被供应商看作上帝客户,下半年却被看作欠款大户。业务扩张带来的订单并未转换为解决企业危机所急需的"现金流",反而企业债务规模不断扩大,违约风险不断加大,资金链处于断裂微末之端,业务扩张带来的"企业债"增加,变为了飞蛾扑火式的愚勇,业务扩张孪生的"企业债"随之扩大,业务盲目扩张变为饮鸩止渴式的自救。寄希望于业务扩张(即增加企业债规模)解决企业生存发展问题,并非完全不可能,只是在市场竞争激烈之时,把业务扩张当作灵丹妙药来挽救企业,成功的概率极低。越是在企业身处险境、市场经济大环境不好的情形下,越应该谨慎地扩张业务,避免企业债规模无效率地增加。但是,笔者主张控制企业业务扩张和企业债规模增加,并不是要求完全放弃业务扩张,而是主张应该有一个限度,这个限度即我们所谓的"企业债边界"。

如此苦口婆心地主张"限制业务扩张",似乎为身处险境的企业和企业家当头浇了一盆冷水,但这绝不表明我们喜欢落井下石。恰恰相反,我们对企业以及企业家的爱更深沉、更理性。没有进行客观、科学的分析,就对企业家进行任何激励都是不负责任的煽动,没有充分告知风险的任何指导都是包藏祸心的误导。如果非要把笔者主张的"企业债应有边界"视为冷水一盆,那么这盆冷水不是浇在头上的,而是用来让企业家冷静的。笔者欣赏富有智慧的企业家,他们对待财富的态度往往是"金钱海水三千,仅取一瓢饮"。希望抱有同样财富观的企业家越来越多,这样的财富观,也会促进社会整体福祉的增加。

第五章　最后的稻草（企业债失控的危险性）

向死而生。　　　　　　　　　　——北野武

　　虽然人们偏爱喜剧，但世界上许多文学巨著往往是悲剧。不是因为这些文学巨著的作者对揭露社会现实有特殊偏好，而是悲剧最具有打动人心的力量，足以让人们引以为戒，从而珍惜眼前的幸福。企业家创立企业之初，莫不是朝着"喜剧"而去，但许多企业往往功败垂成，甚至背负沉重的"企业债"而苟延残喘；很多企业家创业之初都是胸怀理想、目标高远，但大多数都是籍籍无名地"泯然众人矣"，这与戏剧何其相似！尽管如此，在创业之初或企业发展之中却忌谈某些话题，如"债务失控""跑路""企业破产""倒闭"等，就像人们忌讳谈"生死"一样。许多企业家几乎都在不同的场合或通过著书立传的方式承认，其掌舵的企业都是历经大浪淘沙之后九死一生的幸运儿。这些伟大的企业和企业家，把企业的幸存比喻为"幸运儿"，笔者窃以为是地道但又常见的自谦。真正让企业和企业家幸存甚至伟大起来的，一定是非凡的勇气，也必定是敢于直面"生死"的勇气。以笔者有限的职业经历来看，伟大企业与失败企业两者之间的区别是伟大的企业挺过了企业债失控的危险，失败的企业未能挺过企业债失控的危险；相同点则是这些企业运行中都面临"债务失控危险",危险如影随形,无一例外。套用列夫·托尔斯泰对婚姻家庭的表述:伟大的企业都是相似的,失败企业的原因却各有不同。我们无法一一分析和讨论企业"债务失控"的具体原因,但可以尝试讨论企业面对企业债失控的态度,也可以帮助企业事先了解"企业债务"失控的危险性,以便更谨慎地处理和开拓业务、运营企业,毕竟"讳疾忌医"不是科学的态度。

我们来讨论一下这个严肃的话题:致命的最后一根稻草。这是一个相对前几章比较残忍的议题,但又是我们不得不面对的议题,只有正确地面对和科学地应对才能"向死而生",绝地逢生。如上一章所述,"企业债"必须有边界、有承压度,但企业债的边界一旦突破,从企业个体上来说无非就是"债务违约",债务违约势头蔓延且得不到有效遏制的话,企业自身债务规模就会增加,进而资金链绷紧,直至资金链断裂,最终单个企业破产。从宏观上来看"企业债务违约",鉴于企业处于"企业债链条"之中,单个企业的倒闭——无论法律是否宣布破产清算,都势必引发连锁反应,鉴于企业同样处于"结债成网"的一个节点上,也将引发债务涟漪式地向整个经济体输入"债务违约风险"。不得不说,"企业债链条"和"结债成网"是现代工商业社会分工后的必然产物,其积极意义自不必表述,但其消极影响在此体现得异常鲜明。君不见历史上的历次经济危机无不伴随着知名大企业的破产倒闭，2008年美国雷曼兄弟公司轰然倒下的巨响在时光隧道中回响，至今仍经久不息！但要论企业债失控的最大威胁和影响，恐怕是对企业家自身了，一个失败的企业几乎都有一个或多个失魂落魄的企业家，往日积累的辉煌和光鲜亮丽将随着企业的破产倒闭一起埋葬在历史的尘埃中和个人的记忆里。

　　根据笔者个人职业生涯接触的案例，每个企业家都有倔强的灵魂和不屈的精神，不会承认，也不愿承认彻底失败，总会在企业巨轮沉没之前尝试一切可以挽救的机会和方法，试图抓住任何可以使企业巨轮继续航行的漂浮物，哪怕只是一根稻草！但稻草终究只是稻草，像水上浮萍一样，无法掌握自己命运和方向的稻草，又岂能挽救企业和企业家呢？企业倒闭后"东山再起"也只能成为心理安慰和小概率事件，受损的声誉和负债包袱将使得企业家余生负重前行。这些并非危言耸听，更非"敲诈式"地推销笔者的任何产品和服务，只为一个目的：告诫企业家，任何"稻草"都靠不住，提前管控"企业债"规模，君子不立危墙之下。任何一个伟大企业的成功绝非偶然，伟大企业家能够在解决无数偶然风险事件中建立起"不死"气质，向死而生。

第一部分 经济观察

第六章 企业债困兽的牢笼(企业债原本可控)

> 重要的不是治愈,而是带着病痛活下去。
>
> ——加缪

前章"最后一根稻草"其实说的是企业"忧患意识",不过也揭露了一个客观事实:自企业家创立企业起几乎就没有所谓的"岁月静好",有的只是带着企业债伤痛的"负重前行",如履薄冰、战战兢兢等词语应该是大多数企业家内心真实的写照。本章笔者要表达的是:企业债失控虽然危险,但企业债并非不可控!因为许多基业长青的企业,依然长期、稳健地生存和发展着,这是不争的事实,这些企业以"实证"表明企业债原本就是可控的。

企业债失控虽然破坏力惊人,但并非洪水猛兽,企业债是企业发展的必要,只要企业债的规模与企业发展阶段相辅相成即可。不过,难点就在于如何把握企业发展与企业债规模的"合理度"或"危险临界点",这是非常关键和重要的问题。在笔者看来,应该把"企业债"一分为二地看,以经济学的视角区分必要和非必要、有效率和无效率的企业债。任何含混不清、眉毛胡子一把抓地对待"企业债"的方法都是不科学的。但遗憾的是,作为职业律师的笔者，无法给出恰当和准确的具体标准去区分企业债，在此只是认为应该予以区分，有关此方面的具体区分标准需要特定行业的企业家去标定。笔者本章讨论企业债的"可控"，主要就是针对有"失控危险"非必要、无效率的企业债而言。分析笔者处理过的失败涉诉案例，很多企业的"债务"产生并非必需，单笔债务规模的增加更是无理由的"人祸"，也有一些企业的"债务结构"不科学、不规范，更有企业会陷入交易对手的"圈套"或"引君入瓮"，如此种种不一而足。这些失败的案例，无不给企业和企业家带来伤痛。

更令笔者诧异的是，当企业遇到债务危机时，往往不是加强内控、激活内生机制、产生自我造血功能，而是首先想方设法地通过外部"融资"来解决问题和困难，以为银行、投资公司等资金方是企业的"奶妈"。但"融资"只是"拆东墙补西墙"式解决之道，在经济下行压力之下，在各类基础投资人被金融市场打破刚兑的数番残忍教育后，世上几无"东墙"可拆，就算勉强获得"拆东墙"的机会，恐怕也只能补到"西墙"一扇窗户大小的墙面，因为外部融资也是有成本和代价的。融资只会产生新的债务，使得企业债务规模更大。原本为了解决"企业债务"的方法，最终反而使"企业债"走向失控、不可挽回的边缘，这不是控制"企业债"科学有效的方法。融资是企图以债务利息成本作为代价，争取苟延残喘的时间，换取最终的生存空间，实践证明不是完全不可以，只是成功的概率很小！极少数"时间换空间"的成功者，会被市场广泛颂扬，使得后来者把小概率事件当成必然成功的方向去努力，而绝大多数的"融资扩债"失败的案例却鲜有提及。本书描述这些融资扩债失败的情形，虽然略显残忍，但胜在真实。

与其通过各种"融资扩债"的方法为企业"续命"，不如先"保命"，后"调理肌体"，争取"最终康复"，即企业摆脱企业债危机！没错，这是熟悉的配方、熟悉的味道，这就是我们国家和民族伟大的"中医智慧"。融资，就是西医式的"输血或化疗"诊疗，效果短期内似乎很明显，但后患无穷！以中国为代表的东方智慧，在解决企业债务危机时，也强调"解铃还须系铃人"，解决"企业债"可控的问题，还需回到企业本身，至少需要分析造成企业债失控危险的原因，进而采取如上"中医"式诊疗。陈述至此，笔者必须坦白的是：无法提供解决"企业债"的具体方法，只能提供方法论——这是本书一个基本立论，其他章节仍将继续遵循此论。当企业面临"债务失控"可能时，笔者认为最优的策略就是采取"稳健收缩策略"，将业务、人员、办公条件等限制在企业现金流可承受的范围之内，而寄希望于通过"业务规模"扩大来解决"企业债"失控的问题是最不可取的，也是不负责任的草率。在"收缩策略"指导下，企业以及企业家需要有强烈的"控债"主观意识,按照正确科学的方法处理,加强业务、财务、法务三方面流程,辅之以相关措施的坚决执行,就可以实现企业债的规模"可控",让"企业债"规模在动态发展中适应企业的发展。

在纯粹技术上没有什么"企业债"是不可控的,世间只有不可控的"欲望"。作为成功且富有远见的企业家,必须认清市场经济大环境的变化,适时调整企业的发展规模,让"企业债"成为企业发展的垫脚石,让"企业债"成为企业牛身上的"牛虻"以永葆活力,让"企业债"成为企业肌体内的"细菌"带来绵绵隐痛。**企业家全部的隐忍和伟大都体现在:带着痛,清醒地认识当下复杂的经济环境,让企业顽强地活下来。**

第七章　朴素的负罪感（债务人的心理）

徒善不足以为政，徒法不足以自行。

——孟子

欠债还钱、杀人偿命，没有比这更根深蒂固且朴素的价值观和道德伦理了！说它"朴素"乃是因为妇孺皆知，说它"根深蒂固"是因为带着秦风汉韵穿越千年仍不改其本色内容。"欠债还钱"已是免证的常识，人们不能也没有更多的精力去一一验证众多"常识"的正确性，它本身就是"佐证"其他"非常识"的前提。鉴于"企业债"并非普通大众共有，也非古来有之，想必它就是属于"非常识"了吧。

所谓"企业债"其实是"一体两面"：债权和债务，假如市场上有100万元的"企业债"，必然有企业主体享有100万元的债权，同时对应存在100万元的企业债务由其他企业主体承受，不过本章专注在企业作为债务人方面的所思所想、所感所悟。因为市场、政府和社会乃至法律对"债权人"一方实在是太偏爱了，包括法律服务行业在内的全体阶层几乎都服务于"债权人"，而集体讨伐"债务人"，这让笔者感到非常不解。"企业债"的属性没有道德性，只有经济和法律属性，但现实是任何债权人几乎都可以登临道德高地、振臂一呼，引得众人指责债务人，其气势以山呼海啸来形容亦不为过！但笔者基于对自己的"企业债"非道德属性论的自信，就算千夫所指，也会拿出"虽千万人吾往矣"的决绝为债务人争取一份应有的"公正"对待。

笔者在职业生涯中服务过的许多"债权人"，其享有债权而无法变现为实实在在的"金钱"，确实会很痛苦，但仅限于"物质"层面的暂时"损失"。倘若负有债务且无法清偿，对负债的企业和企业家来说，痛苦绝对包括但不限于业务丢失在内的"物质"层面的连环损失，更多是来自同业讥笑、亲朋鄙夷和社会观感的负面评价，这会对企业和企业家形成无形的心理压力，会让企业家产生如私人债务一样的负罪感，甚至在负债压力下对创业初心产生怀疑。一旦企业债务让企业家陷入"负罪感"的泥淖，其破坏力将远大于"负债"本身的负面影响。尽管企业债务充其量只是企业业务扩张的必要成本，但负罪感却会使得企业家陷入"认识误区"，让企业家的商业身份回归到"妇孺"一般朴素的社会身份，原本没有道德属性的"企业债"背负上沉重的道德包袱，而企业债的经济属性和法律属性却被抛掷一边。更坏的情况是，企业家会因为对"企业债"朴素道德感而被束缚住解决债务的思路和手脚，甚至直接"缴械投降"，任由企业债恶性发展。企业家甚至会把除了"还钱"清偿企业债之外的一切应对和解决方法，视为不道德的"小人作为"。企业债作为一个完全的经济现象和法律评价，最终彻底沦为企业家内心的"道德审判"，最终朴素的负罪感成为审判依据。而主审法官不是别人，正是企业家自己，企业家自己给自己和企业"定罪量刑"，这是极其荒谬的误解。

任何杀人、抢劫等重罪嫌疑人，未经合法审判都不得定罪量刑，更何况是持有合法营业执照的企业家呢？作为执业律师多年的笔者深知，现代最基本的司法理念就是：任何人不得做自己的法官，任何人不得自证其罪。而企业家在面对"企业债务"时自己为自己施加了过高的道德伦理要求，并进行了自我审判。**我们认为，道德伦理和商业伦理并不绝对一致，"欠债还钱"在朴素的道德伦理上没有任何问题，但在商业伦理上强调的是"效率"和"规则"，而当今商业伦理更重要的是"规则"，是法律下的权利义务规则。**即便是朴素的道德伦理，也要与时俱进地以法律下的权利义务规则进行规范。君不见存在千年的"欠债还钱"（主要指自然人间借贷）早就规范在我国《合同法》之中，而且我国最高人民法院也针对审判民间借贷出台了不少司法解释，更何况"企业债"呢？法律规则强调权利即"债权"的重要性，但同时也防止权利滥用。近年来，作为执业律师的笔者接触不少案例都显示"企业债"被套路（债权被滥用，典型的就是国家正在打击的"套路贷"），债务的产生以及债务规模的不合理甚至不合法地扩大，导致企业运营维艰，甚至破产倒闭，甚为可惜。而且法律服务机构以及整个社会和司法界几乎集体站在"债权人"一边，使得本应平衡的"债权"和"债务"力量失衡，"债务人"几乎被"吊打"，"债务人"和刑事诉讼程序中的"犯罪嫌疑人"的保护力度相比都差一截。在刑事诉讼程序中，代表国家的公诉机关和代表犯罪嫌疑人的力量，无论是立法还是法律服务供给力量上都趋于平衡，控辩双方基本实现了权利对等。而在民商事法律上，本应平等的"债权人"和"债务人"至今仍然保护失衡，但这种失衡并非由法律服务机构和立法、司法机关造成的，而是企业家自身朴素的负罪感在作怪。法律服务机构也是市场要素之一，逐利是其本性，只要企业和企业家能够正视"企业债"的属性，以正确的态度面对"企业债"，以专业的精神寻找法律服务机构解决"企业债"，法律服务机构不会坐视不管，更不会主动放弃赚钱的机会。

　　末了还需要解释一下，笔者之所以敢"冒天下之大不韪"为企业"债务人"说话，不是笔者的勇气可嘉，也不是笔者标新立异，更不是单单对企业债务人痴爱，而是因为市场上的任何一家企业，在"企业债"链条上，在"结债成网"的市场中，既是"债权人"，也是"债务人"。企业身份在"企业债"不同的法律关系之中

"一体多面",在一个法律关系之中是"债权人",在另外一个法律关系中可能又是"债务人"。如果有人问笔者:你到底是为"债权人"说话,还是为"债务人"说话?笔者的答案是:既不单单为"债权人"说话,也不单单为"债务人"说话,而是为深陷"企业债"泥淖的企业和企业家说话。行文至此可以猜想,任何理智和聪明的企业家都不会指责笔者站在"债务人"立场了!笔者深信,企业家是社会精英群体,其法治理念和追求权利义务衡平的精神应该远远超过一般人。当企业家真正回归商业伦理,以商业规则正视"企业债务"时,创造财富、增加社会整体福祉只是其最基本的正能量,企业家更应锦上添花地把权利义务衡平的法治理念广播四海。

第二部分　法律解决方案

第八章　穿透企业债的迷雾：企业债尽调

我的确时时解剖别人，然而更多的是更无情面地解剖我自己。
　　　　　　　　　　　　——鲁迅

企业家们必须客观地承认：清晰准确地认识企业债非常有必要，而全面深刻地认识企业债又是极其困难的！好在身处现代市场经济环境，商业分工日趋细化，各种商业要素齐备，商业服务业异军突起。若企业家自身对"企业债"认识存在障碍或困难，则可以借助市场的力量请第三方帮助予以认识和分析，以求达到尽可能的"客观和详细"。比如，可以聘请律师事务所、咨询公司和调查机构等专业的第三方尽调机构。

对于尽调第三方的职能选择，务必包含财务、法务两个方向，确有必要时可以请专职特定行业方向的第三方调查机构。总之，业务、财务和法务构成对企业债尽调必不可少的三方。另外，企业自身对"企业债"的自我梳理也是必不可少的，甚至自我梳理和认识若能胜任尽调工作，也完全可以在企业内设机构进行。就算企业内设机构不能做到尽善尽美的尽调，其自我前期摸底也会为第三方的尽调打下坚实的基础。聘请第三方尽调时，首先，我们尽调的目的是了解"企业债"的真实和全貌，既需要了解整体"企业债"情况，也需要了解个别细致的"企业债"。因为导致企业债危险性的债务并不取决于债务的大小，而可能是债务的期限。比如，1000万元的债务和100万元的债务哪个更危险？不能一概而论，我们首先要看债务是否到期。若未到期，则要看债务期限届满日期哪个更近。未到期的债务，无论其金额多大，都是没有牙齿的"纸老虎"，至少暂时不会对企业运营造成任何法律伤害。而那些已经到期的债务，却是实实在在的现实威胁，到期或即将到期的债务都是危险源。因为任何到期的债务，企业都负有法律义务去偿还，只要偿还债务，在特定时间内必然会造成企业流动资金的外流甚至资金链紧张。除了企业债的期限、大小问题，还要查清企业债是主债还是从债、债权人实现债权急切度等，这些都是需要尽调关注的内容。其次，尽调的内容不仅包括"企业债"本身，还需要尽调企业的未来市场前景和业务发展规模，以判断业务规模和企业债是否相适应。前面章节已多次表明，"企业债"的产生和规模往往是企业业务扩张的需要和结果，仅仅尽调"企业债"本身，不对企业业务和发展阶段尽调，所有可以采取的应对措施都是"头痛医头,脚痛医脚"的解决方案。想对"企业债"管控,并将其与企业发展保持合理的步调,需要从更加宏观的视角,以"高屋建瓴"的尽调策略对"企业债"进行"釜底抽薪"式的预备解决方案。否则,企业债的尽调只会沦为"浮光掠影"式的走过场,也无法为"企业债"提供完整且详细的解决方案。比如,若是创业企业,其实质就是在现有企业市场份额之中抢食吃,应允许企业债适度扩张态势,创业企业所处的阶段不允许其裹足不前,企业债只能服从此阶段目标特点,而不能限制创业企业的前进。任何试图束缚创业企业债的尽调,都是对创业成功的不信任。若是守业企业或成功企业,对其企业债的尽调则相反,应以企业债适度为要务,故而尽调也需要从紧。最后,富有经验和负责任的尽调第三方也绝对不会限于前述内容,"企业债"的尽调不仅应包括多少债务(应付款),还应包括多少企业债权(应收款)应收未收回来。解决企业债的问题,除了宏观考察、微观解剖,更需要尽可能地细化。在具体解决"企业债"问题时,必须兼顾好"应收款"和"应付款"的结构规模,同时把握好"应收款"和"应付款"在时间上是否实现富有效率的"错配",因为一切"资金链断裂"几乎都和资金的时间及空间有关。一笔款项及时收回,会为企业赢得充分的生存空间,反之,一笔款项的延迟收回,也可能会导致企业破产倒闭。另外,其他隐性企业债的尽调，比如担保、税务等也需涵盖在内。

　　时常自我"解剖"的鲁迅也说过：认识我自己，我并不是振臂一呼而应者云集的英雄。作为千万企业家中的一员，大多企业家都是如鲁迅一样，彷徨过、呐喊过，但绝对不曾放弃过。我们应该秉持鲁迅"韧性"战斗的精神，在创业、守业这条波涛汹涌、暗礁浮现的航程上，不断地认识企业发展规律，不断地认识自己、自己的企业和企业债，以尽调作为穿透企业债海上迷雾的引航灯塔，冲出企业竞争激烈的红海，开拓出属于自己的事业蓝海。

第九章　魔鬼细节：企业债的分类

引而伸之，触类而长之，天下之能事毕矣。

——《周易·系辞上》

惰性是人类的共性，我们每个人时常需要与惰性斗争，胜败皆有，但从未停歇，写作本书的过程就是笔者与之战斗的激烈过程。而与惰性斗争的武器更是五花八门，各有独自的法门，比如企业家的使命感和责任心或许就是对抗惰性的利器。在与惰性不断斗争过程中，人们发现除了类似企业家使命感之类"精神"的作用，更需要技巧和方法上的创新，以便利行事。对事物进行"分类"就是行之有效的"独辟蹊径"。分类可以依据事物的性质特点分别归拢在一起，特定事物在大范围保持一定的共性，在内部小范围又泾渭分明。事物的科学分类可以使得对事物的认识和管理更加得心应手、清晰明了。分类，其实不是为了"消灭"惰性，而是"顺应"惰性的方法，将"事倍功半"变为"事半功倍"。鉴于此，我们有必要对本书的核心议题"企业债"进行"分类"，以帮助企业家在处理"企业债"的事务时，让对抗惰性的"使命感"不再孤单，除了"精神"胜利法，更有科学有效的应对之法：企业债分类。

如前所述，分类必须先找出"企业债"大范围内的"泾渭"特点依据来，然后据此进行分类。

（1）依据企业交易对手的主体资格的不同可以分为：政府债（如税务）、银行等金融债（如银行贷款）、企业债（如业务经营产生应收应付款）、自然人债（如工资）。以交易对手主体资格进行企业债分类的意义，在于解决债务问题时，企业可以区分出"轻重缓急"。一般来说，"政府债"应优先处理，否则企业恐会涉及不同程度和等级的"违法"——行政违法或刑事违法；而其他交易对手的债一般只会涉及"平等民事主体"之间的债务，至多是"民事违法"——违约，一般不会面临程度更高的"处罚"。假若你时常关注财经新闻，应该经常可见因涉逃税而被投进监狱者，也能看见因违约而涉诉者，但很少因为违约而被收监入狱的。事实上，国家政策层面一直三令五申，禁止动用刑事手段介入市场经济运行，刑罚是用来调节重大违法犯罪的，民商事之"企业债"违约一般不属于刑罚调整的范围。

（2）依据企业债时效性，可以分为未到期债、到期债和逾期债三类。债本身就是可以主张的权利义务关系，为了保护法律行为效果的稳定性、连续性和可期待性，法律鼓励当事人自行约定期限，甚至在特别事项上法律强制性规定期限。因此，"企业债"与时效性具有天然的紧密联系。企业债的期限尚未届满，尚在"宽限"期间内，可以不用特别处理，但需要为期限届满做必要的准备和努力。已到期的债务则需要立即处理，以避免产生债务人的"违约"或债权人的"权利落空"。法言云：法律不保护在权利上睡眠的人。已经逾期的债务，应当作为最优先处理的一类"企业债"，因为这种情况下的"债务人"实质违约已经产生，倘若再不及时处理，"债务"规模将不断扩大，面临企业被诉进而被列为"失信被执行人"的风险，甚至存在被法院宣告企业进入破产程序的危险。作为已逾期"企业债"的债权人，则意味着所谓"权利"只是纸面意义上的，权利根本无法落地，必须及时主张或追讨。总之，未到期债是悬在空中的剑，到期债是架在脖颈上的剑，已逾期债则是已经刺进身体的剑——必须及时挽救，止血、消毒和治疗，一刻不能停留。

（3）根据企业业务扩张性质分类，则可以分为经营性债和融资性债。经营性债往往对应的交易对手是产业链上下游的企业，此类债需优先于融资性债处理，因为经营性债的不及时处理会使企业陷入"信任危机""经营危机"，甚至"行业生存"危机；而融资性债至多只是"债务"规模的增加，并不会立即使企业陷入"企业债"链条危机，不会立即把"企业债"的危险输入到整个"企业债链条"之中。但必须注意的是，融资性债对于企业威胁也不小。在异化的金融环境中，融资企业为了获得资金支持，往往不得不接受非常苛刻的融资条件，比如，在债权融资之中让企业家为企业债承担不可撤销连带担保责任，抑或股权融资之中签署"对赌协议"等。近年来，媒体报道的许多融资性债失败的企业案例显示，融资性债的危险不小于经营性债。因融资性债，企业控制权旁落他人有之，企业创始人因此身陷囹圄者亦有之。因此，当经营性债和融资性债并存时，优先处理经营性债只是一般意义上而言，是基于经营债解决不可逃避，而融资性债或可"拆东墙补西墙"而言。当特定企业面临经营性债和融资性债并存时，企业家又不知如何抉择处理时，交给律师或咨询公司专业团队处理，是企业家和企业的最优选择。

（4）根据企业债的一般法律属性，又可以分为意定之债和法定之债、主债和从债、按份之债和连带之债等。这类企业债的分类，专业律师会在具体"企业债"的处理过程中具体分类处理，企业家无须过多地关注，但需要在涉及相关事项时与律师做充分的沟通和分析，比如，"按份之债"和"连带之债"将会对企业具有不同的法律意义和影响。

接上而言，企业家和律师之间没有"天壤之别"，而应"珠联璧合"。在企业法人作为一项伟大的法律制度建立后，企业家们获得了一项专有的保护，让"企业家个人"和"企业法人"保持紧密财务关系，同时在法律风险承担上又分立、隔离。企业法人制度，无非就是一套"财务收益"和"风险控制"完美结合的产物——虽然偶尔也会失效。在风险控制上，无数案例皆昭示：企业家的"法律常识"远远不够，唯有专业律师才能同时在企业和企业家前程似锦时"锦上添花"，在陷入"企业债"危机时"雪中送炭"。企业家和律师是社会分工、角色分类完美的产物，但法律和上天将企业家和律师分类后，不是为了区别和隔离的，而是让二者"珠联璧合"。企业债的分类，企业家和律师，恰印证且暗合《周易》：引而伸之，触类而长之，天下之能事毕矣。

第二部分　法律解决方案

第十章　灰飞烟灭：债的灭失

生存还是毁灭，这是一个问题。

——莎士比亚

企业的生存和企业债的毁灭，这是一个看似矛盾，实则可以选择的命题。企业债只是企业业务规模扩张的结果和必要代价，没有哪家企业可以完全无成本、无代价地获取市场业务和市场优势地位。而企业业务规模的限度和承压度控制得当、适度，则可以在一定程度上实现"企业债"（主要指债务方面）特定时间窗口下的"灭失"，但不是绝对的、长期的债务灭失。企业债务从存在到消灭，再到债务产生和消灭，是一个动态循环的过程，无论债务的"灭失"还是"存在"都不是一个恒定状态。只是在市场货币宽松、流动性充足的时候，企业债务规模可以适度扩大，而处于经济下行通道甚至经济危机即将到来的时刻，则务必让债务的"动态循环"过程恰好处于"债务灭失"节点上。因此，"企业债务的灭失"是在应对经济下行压力下的不得已而为之，是妥协的产物，是收益和风险对比后的选择，是企业家战略的决策。没有什么比让企业活下来更重要的事了，企业"活着"，一切都具有积极意义，企业倒闭，一切都不具有意义。如此，我们便在法律视角下讨论一下"债务灭失"的路径和方法。

（1）债务清偿是债务消灭的常识。清偿，通俗地讲就是把钱还了。但市场的复杂性和专业性都要求我们不能仅仅停留于"债务清偿"，因为完全的"债务清偿"是经济环境大好时可期待的事情，在经济环境不好的情形下，则不具有现实意义。且若企业债务能够全部清偿，则"企业债"也就无须讨论了。恰恰相反的是，企业债得不到有效清偿，才是问题重点和市场常态。在所有不能清偿的企业债之中，有选择地清偿部分债务，以实现债务清偿的有效率，即通俗的说法——"好钢用在刀刃上"。具体方法，则是依据本书第九章所述的企业债分类，根据业已确立的债务优先顺位予以部分清偿。然而，对不少企业和企业家来说，即便是部分清偿也是极其困难的。

（2）抵销，是一个不被重视且简单到无趣的法律概念。简单地说，就是债务链条中的两个企业互负到期债务，只要债务的品类形同（如都是金钱），发出通知则"债务"灭失。这是一般情况下的"法定抵销"。而"约定抵销"更便利和随意了，随意到彼此所负债务品类不同（如金钱和物品），只要双方愿意，也可以协商"抵销"。

（3）债务混同，并不是指"债务链条"或"结债成网"中的债务本身"剪不断、理还乱",而是指债权人和债务人"身份"上的合并。企业法人作为法律上拟制的"人",其存在的全部状态均是法律意义上的,企业合并不是法律技术上的难题,无论债务人和债权人基于何种原因合并在一起,债务均归于消灭。

(4) 债的转移,此处的"债"则是涵盖"债权"和"债务"的。企业债权可以售卖他人及时变现,在原债权人和债务人之间"债务灭失",在"受让人"和"债务人"之间建立新的"债务关系"。相反,企业债务经"债权人"同意后,可以由其认可的其他更有实力的企业作为新的"债务人",原"债务人"与债权人之间"债务灭失"。

(5) 代位求偿权,一个略显复杂但很重要的"债务灭失"的方法。基于"债"的相对性原则,很多企业和企业家都误以为,作为债权人只能向自己的"债务人"追偿,一个和自己企业没有合同的第三人如何可以求偿呢?答案是,只要该第三人恰好是自己"债务人"的债务人,且该"债务"已届清偿期,企业的债务人却不积极主动地向自己的"债务人"(即第三人)追偿,导致债权人损失,债权人即可以向该"次债务人"追偿。债务人若有幸碰到如此锲而不舍的"债权人",竟然能够越过自己追偿第三人的债权人,是自己三生有幸!代位求偿后,债务人的"债务灭失",代价仅仅是"必要费用"

的承担，比如律师费等。需要特别注意的是，以次债务人为被告，原告（即债权人）胜诉后的诉讼费由次债务人（即第三人）承担（详见《合同法司法解释（一）》第19条）。无论如何，代位求偿权是解决所谓"三角债"高效率的方法，也是化解"债务链条"和"结债成网"的最有效的法律方法，没有之一。

（6）其他的债务灭失方法，诸如债务豁免、提存等，就不再一一展开。总之，企业和企业家应该明白：企业债需要正确对待，而且可以正确解决。具体事务的处理，企业法务人员或律师负责实施即可。

"债务灭失"的思路展开后，将会打开"企业债"的潘多拉魔盒，被"企业债"重压的企业前景将不再混沌一片，而会豁然开朗。企业和企业家也不必面对莎士比亚所谓"生存还是毁灭"的问题，因为在商业天地里，法律将慈母般的关爱赋予每个心怀梦想的人！不要总埋怨法律的种种不是，也不要讥讽司法不健全，更不要诋毁法律人（律师）的冷酷无情。若要得到法律的保护，首先需要企业家投入法律的怀抱，若要避免司法不公，首先需要企业家身正气清。企业家眼中法律人（律师）的高冷，乃是因为法律人（律师）只对企业家实实在在的"利益"负责，而不对企业家的情绪负责。

*附录一 债的灭失

(1) 概念：债务清偿

法条依据：

《中华人民共和国合同法》

第九十一条 合同消灭的原因 有下列情形之一的，合同的权利义务终止：（一）债务已经按照约定履行。

实证案例：

安徽省阜阳市中级人民法院民事判决书（2019）皖12民终3313号。

判决摘编：

丁某承揽加工王某的半成品女士羊绒大衣锁边缝制，经结算，王某欠丁某加工费40,072元。王某于2019年为丁某出具欠条两张，内容分别为：王某欠丁某工资20,036元整，2019年3月31日还清；王某欠丁某工资贰万元整（20,000元）再加36元，2019年4月5日还清。一审法院支持了丁某的诉请，判决王某败诉。王某不服，将案件上诉至阜阳市中级人民法院。二审中查明，警方参与调解录像证据一份，显示两份欠条实属同一债务，欠条所示债务为20,036元，另查该20,036元已清偿。故安徽省阜阳市中级人民法院裁决撤销一审裁判，改判驳回丁某诉请。

案例点评：

本案是法院依法做出的终审判决，在查明基本案件事实基础之上，阜阳中级人民法院主要依据就是《中华人民共和国合同》第九十一条（一）之规定，改变了基层人民法院的裁判文书，是"债务清偿"的典型适用，对解决企业债具有很好的借鉴意义。

（2）概念：抵销

法条依据：

《中华人民共和国合同法》

第九十九条　债务的抵销及行使　当事人互负到期债务，该债务的标的物种类、品质相同的，任何一方可以将自己的债务与对方的债务抵销，但依照法律规定或者按照合同性质不得抵销的除外。当事人主张抵销的，应当通知对方。通知自到达对方时生效。抵销不得附条件或者附期限。

第一百条　债务的约定抵销　当事人互负债务，标的物种类、品质不相同的，经双方协商一致，也可以抵销。

实证案例：

上海市金山区人民法院民事判决书（2018）沪0116民初3471号。

判决摘编：

上海 A 公司与上海 B 公司于 2017 年 4 月 17 日签署了《销售合同》，上海 B 公司向上海 A 公司采购："聚丙烯 M700R"产品 30 吨，单价 9,400 元/吨，货款总计 282,000 元。2017 年 4 月 18 日，双方再次签订《销售合同》，约定上海 B 公司向上海 A 公司采购"聚丙烯 M700R"产品 9 吨，单价为 9,450 元/吨，货款合计 85,050 元，合同第四条约定：付款方式为货到由需方质检，检验合格后付款。两份合同签订后，上海 B 公司分别在 2017 年 4 月 17 日、4 月 20 日在上海 A 公司仓库提取了合同约定产品。然而，上海 B 公司未能向上海 A 公司按期付款。上海 A 公司（以下简称原告）以买卖合同纠纷为案由诉至法院解决，要求上海 B 公司（以下简称被告）支付货款。原告认为，原、被告双方签订的销售合同是双方真实意思之表示，合法有效。原告已按约完成供货义务，但被告未能按约履行支付货款，已构成违约。被告应立即支付货款、赔偿逾期付款损失。被告辩称：对于第一项诉请金额无异议，双方之间的买卖业务往来属实，但原告还欠被告货款 124,150 元（79,650 元、44,500 元），要求与本案货款抵销。对于第二项诉请，合同没有约定利息和付款时间，不同意支付。针对被告的辩称，原告补充认为：确认与被告另外存在两个合同关系，原告欠付被告货款 124,150 元，同意抵销。被告还有 908,150 元的发票未开具给原告。

经法院审理后,依法做出裁判:

一、被告应于本判决生效之日起十日内支付原告货款 242,900 元;

二、被告应于本判决生效之日起十日内赔偿原告货款 242,900 元的逾期付款利息损失(自 2017 年 4 月 20 日起至本案判决生效之日止,按照中国人民银行公布的同期贷款基准利率计算);

三、驳回原告的其余诉讼请求。

如果未按本判决指定的期间履行给付金钱义务,应当依照《中华人民共和国民事诉讼法》第二百五十三条之规定,加倍支付迟延履行期间的债务利息。

本案案件受理费减半收取 3,403 元,由被告负担。

案例点评:

本案件是抵销适用的实证案例。根据法院查明的案件事实,原被告双方存在两个合同法律关系,即原被告双方互负到期债务。即便原告抢先诉至法院以实现其债权,但作为企业债务人的被告,并未放弃其自身合法的诉讼应对权利,向法庭依法提出了"抵销"的抗辩,最终法院也支持了被告的抗辩。此案例表明,我国《合同法》第九十九条所规定的抵销权,是企业债应对的有力武器。就算行使抵销权不能完全把原告债权消灭于无形,但从被告即企业债务人角度来看,也实现了"企业债"

不扩大的目的，本案被告最终支付的金额远少于原告的诉请，即为例证。另外，本案被告上海 B 公司原本可以据已到期合同另行单独诉上海 A 公司，但本案被告并未如此行事，而是行使了"抵销权"，在笔者看来这是明智的决策。因为行使抵销权既可以实现"企业债"规模不扩大的目的，又可以避免诉累。倘若再次单独起诉，需要预交诉讼费、支付聘请律师费用以及时间成本等，但如本案行使抵销权则皆不必了，这是非常经济且高效率的。总之，本案充分显示出"抵销"在解决企业债之中的价值和意义，值得推广利用。

（3）概念：债务混同

法条依据：
《中华人民共和国合同法》

第一百零六条　混同的效力　债权和债务同归于一人的，合同的权利义务终止，但涉及第三人利益的除外。

实证案例：
河南省新乡市中级人民法院民事判决书（2015）新中民二终字第 324 号。

判决摘编：
2011 年 4 月，孙某兰、毛某合、冯某民合伙开办一个养鹅场，约定每人投资 30,000 元，如资金不够由孙某兰负责投资，孙某兰是合伙负责人，冯某民负责技术及销售鹅蛋，毛某合是会计。该合伙于 2012 年秋天散伙。2012 年 3 月 17 日，冯某 1 受冯某民委托到鹅场拉走受精蛋 4,900 枚，2.4 元/个，折款 11,760 元。另查，冯某 1 系冯某民儿子。因此货款事由，孙某兰、毛某合（以下简称原告）以买卖合同纠纷为案由将冯某 1 和冯某民（以下简称被告）诉至法院。一审法院根据查明的事实，依据我国《合同法》第一百零六条之规定，判决驳回原告诉请，被告胜诉。原告方不服一审判决，故上诉至河南省新乡市中级人民法院二审。二审审理认为，个人合伙是指两个以上公民按照协议，各自提供资金、实物、技术等，合伙经营、共同劳动。冯某民、孙某兰、毛某合三人对系个人合伙关系均无异议。本案的争议焦点是冯某 1 拉鹅蛋的行为是个人行为还是受冯某民的委托行为。冯某民在合伙中负责技术和供销，经营期间，鹅蛋由冯某 1 多次拉走，孙某兰、毛某合也没有证据证明以前拉鹅蛋系冯某 1 付款结算，冯某民和案外人陶某波合伙经营鹅蛋孵化业务，冯某 1 系冯某民儿子，原审认定冯某 1 拉走鹅蛋行为系受冯某民委托并无不当，冯某民作为委托人应当对冯某 1 的行为承担法律责任。原告无证据证明被告存在恶意串通、损害第三人利益的情形。个人合伙内部合伙人对合伙财产实行共有共管，合伙人对合伙事务有平等的执行权。冯某民将鹅蛋拉走后应将鹅蛋款交给个人合伙，但个人合伙并没有完全独立财产，个人合伙由合伙财产和每个合伙人的个人财产对外承担无限连带责任，此时冯某民既是应当支付鹅蛋款的债务人，同时又是个人合伙中的合伙人，也是该鹅蛋款的债权人，原审认定本案的债权与债务同归于冯某民一人符合法律规定，冯某民、孙某兰、毛某合可以通过内部清算行使各自的权利，原审处理于法有据。孙某兰、毛某合主张的应由毛某合管理财务、会计工作，仅是其合伙人之间的内部分工管理问题。上诉人孙某兰、毛某合主张的冯某民不应当收取鹅蛋款且属于抽逃股金等理由不能成立，二审法院不予支持。综上，原审认定事实基本清楚，适用法律正确，应予维持。

案例点评：

本案前后历经两级法院审判，两级法院都确认了《合同法》第一百零六条的适用正确。虽然本案系自然人之间的诉争，但法律适用背后透露出来的法律价值，对解决企业债也大有裨益。在企业级层面，纯粹法律主体的原因发生混同概率相对较小，比如因为企业合并，导致原本处于企业债之中的债权人与债务人归为一个企业法人，但这种小概率事件却是最典型的"混同"。不过，除此之外，尚有一家企业对另外一家企业的全资收购，债权人和债务人成为控股与被控股的关系，此时虽然严格法律意义上的"混同"没有发生，因为企业法人主体仍然彼此独立，但鉴于控股关系的产生，对解决"企业债"或有帮助。另外，在债权债务概括转让之时，因为债务人和债权人归于一企业，也属于"混同"。法律的普适性，为企业和企业家解决企业债提供了无数的想象空间和可能，这需要在纷繁复杂而又具体的事务中去发掘"混同"的价值和意义。

（4）概念：债的转移

法条依据：

《中华人民共和国合同法》

第八十四条　债权人同意　债务人将合同的义务全部或者部分转移给第三人的，应当经债权人同意。

第八十五条　承担人的抗辩　债务人转移义务的，新债务人可以主张原债务人对债权人的抗辩。

第八十六条　从债的转移　债务人转移义务的，新债务人应当承担与主债务有关的从债务，但该从债务专属于原债务人自身的除外。

第八十七条　合同转让形式要件　法律、行政法规规定转让权利或者转移义务应当办理批准、登记等手续的，依照其规定。

第八十八条　概括转让　当事人一方经对方同意，可以将自己在合同中的权利和义务一并转让给第三人。

第八十九条　概括转让的效力　权利和义务一并转让的，适用本法第七十九条、第八十一条至第八十三条、

第八十五条至第八十七条的规定。

第九十条　新当事人的概括承受　当事人订立合同后合并的,由合并后的法人或者其他组织行使合同权利,履行合同义务。当事人订立合同后分立的,除债权人和债务人另有约定的以外,由分立的法人或者其他组织对合同的权利和义务享有连带债权,承担连带债务。

实证案例:

北京市海淀区人民法院民事判决书（2018）京 0108 民初 55407 号。

判决摘编:

2013 年 6 月 30 日,A 集团公司（以下简称被告 1）与北京 B 公司（以下简称原告）就位于北京市海淀区北安河路西埠头村的西埠头旅游配套设施建设项目采光顶工程签订《采光天窗、采光棚、阳光雨棚制作、安装合同》。经工程决算审核确认,该工程款为 1,975,620.34 元。被告 1 向原告支付了 150 万元,尚欠工程款及质保金共计 475,620.34 元。2015 年 2 月 4 日,被告 1、被告 2 及原告共同签署《西埠头项目别墅工程竣工结算余款支付确认单》,写明:原告的工程应收余款共计 975,620 元,属于被告 1 承担支付的金额为 45 万元,余款转出由被告 2 承担支付;被告 1 承担支付的金额于 2015 年 2 月 6 日前全部付清;由被告 2 承担支付的工程余款金额为 525,620 元,在没有扣除的情况下,两年质保期满时于 2015 年 12 月底前支付 50%,剩余 50% 于 2016 年 12 月底前付清。2015 年 2 月 5 日,被告 1 通过案外人账户向原告付款 45 万元。被告 2 未按上述确认单支付剩余工程款。经法院审理后认为,依法成立的合同,对当事人具有法律约束力。本案中,被告 1、被告 2 及原告于 2015 年 2 月 4 日共同签署的《西埠头项目别墅工程竣工结算余款支付确认单》,确认了原告的债权数额,被告 1、被告 2 各自承担的债务数额及清偿期限等,意思表示真实,合法有效。按照该确认单的要求,被告 1 已经支付 45 万元工程款,其所承担的债务已经履行,不应再承担还款责任。被告 1 将部分债务转让给被告 2,原告盖章确认,符合《中华人民共和国合同法》第八十四条关于"债务人将合同的义务全部或者部分转移给第三人的,应当经债权人同意"的条件,被告 2 作为受让部分债务的债务人,应当承担相应的还款义务。被告 2 未按确认单的约定偿付剩余工程款,构成违约,应当承担违约责任。原告诉请支付 475,620.34 元,少于各方在上述确认单中约定的被告 2 应当承担的债务数额,二审法院不持异议。根据上述确认单,被告 2 承担的剩余工程款应当"于 2015 年 12 月底前支付 50%,剩余 50% 于 2016 年 12 月底前付清",按最后支付期限计算,原告所提诉讼没有超过诉讼时效,故被告 1 认为"本案已超诉讼时效"的抗辩意见,没有法律依据。原告关于迟延付款利息的诉讼请求，除迟延利息起算点应按确认单约定进行调整外，可予支持。被告1基于其与被告2之间的争议主张本案债务不具备付款条件，没有事实依据。被告2经传票传唤，未到庭参加诉讼，不影响二审法院依据查明的事实作出判决。依照《中华人民共和国合同法》第八条、第八十四条、第一百零七条、第一百一十三条第一款、《中华人民共和国民事诉讼法》第一百四十四条的规定，判决如下：

一、被告2于判决生效之日起十日内向原告偿还欠款475,620.34元；

二、被告2于判决生效之日起十日内向原告支付逾期利息损失（其中，以237,810.17元为基数部分，自2016年1月1日起按中国人民银行同期贷款基准利率计算至实际清偿之日止；以237,810.17元为基数部分，自2017年1月1日起按中国人民银行同期贷款基准利率计算至实际清偿之日止）；

三、驳回原告的其他诉讼请求。

案例点评：

此案足以冲击我们的心灵，改变企业和企业家对债务承担习惯性的理解和认识。本案概括来说就是：原本张三的债务，在法院的判决里最终竟然由李四去承担。该判决的正确性笔者更是举双手赞同。本书特意将此案从众多案件中筛选出来，绝对不是仅仅证明笔者的观点正确，而是为了说服企业和企业家们理性、科学地对待"企业债"，解决"企业债"原没有企业家所设想的那么无助、无力，现实的法律制度和司法判决都给予许多方法和方向，只是不大为外人所知罢了。而笔者的全部努力，就是扭转企业债的观感和误解，并从法律智慧的汪洋大海之中帮助企业家找出可行的解决思路。

（5）概念：代位求偿权

法条依据：

《中华人民共和国合同法》

第七十三条　债权人的代位权　因债务人怠于行使其到期债权，对债权人造成损害的，债权人可以向人民法院请求以自己的名义代位行使债务人的债权，但该债权专属于债务人自身的除外。代位权的行使范围以债权人的债权为限。债权人行使代位权的必要费用，由债务人负担。

最高人民法院关于适用《中华人民共和国合同法》若干问题的解释（一）

第十一条　债权人依照合同法第七十三条的规定提起代位权诉讼，应当符合下列条件：

（一）债权人对债务人的债权合法；

（二）债务人怠于行使其到期债权，对债权人造成损害；

(三) 债务人的债权已到期；

(四) 债务人的债权不是专属于债务人自身的债权。

第十二条　合同法第七十三条第一款规定的专属于债务人自身的债权，是指基于扶养关系、抚养关系、赡养关系、继承关系产生的给付请求权和劳动报酬、退休金、养老金、抚恤金、安置费、人寿保险、人身伤害赔偿请求权等权利。

第十三条　合同法第七十三条规定的"债务人怠于行使其到期债权，对债权人造成损害的"，是指债务人不履行其对债权人的到期债务，又不以诉讼方式或者仲裁方式向其债务人主张其享有的具有金钱给付内容的到期债权，致使债权人的到期债权未能实现。

次债务人（即债务人的债务人）不认为债务人有怠于行使其到期债权情况的，应当承担举证责任。

第十四条　债权人依照合同法第七十三条的规定提起代位权诉讼的，由被告住所地人民法院管辖。

第十五条　债权人向人民法院起诉债务人以后，又向同一人民法院对次债务人提起代位权诉讼，符合本解释第十三条的规定和《中华人民共和国民事诉讼法》第一百零八条规定的起诉条件的，应当立案受理；不符合本解释第十三条规定的，告知债权人向次债务人住所地人民法院另行起诉。

受理代位权诉讼的人民法院在债权人起诉债务人的诉讼裁决发生法律效力以前,应当依照《中华人民共和国民事诉讼法》第一百三十六条第(五)项的规定中止代位权诉讼。

第十六条 债权人以次债务人为被告向人民法院提起代位权诉讼,未将债务人列为第三人的,人民法院可以追加债务人为第三人。

两个或者两个以上债权人以同一次债务人为被告提起代位权诉讼的,人民法院可以合并审理。

第十七条 在代位权诉讼中,债权人请求人民法院对次债务人的财产采取保全措施的,应当提供相应的财产担保。

第十八条 在代位权诉讼中,次债务人对债务人的抗辩,可以向债权人主张。

债务人在代位权诉讼中对债权人的债权提出异议,经审查异议成立的,人民法院应当裁定驳回债权人的起诉。

第十九条 在代位权诉讼中,债权人胜诉的,诉讼费由次债务人负担,从实现的债权中优先支付。

第二十条 债权人向次债务人提起的代位权诉讼经人民法院审理后认定代位权成立的,由次债务人向债权人履行清偿义务,债权人与债务人、债务人与次债务人之间相应的债权债务关系即予消灭。

第二十一条　在代位权诉讼中，债权人行使代位权的请求数额超过债务人所负债务额或者超过次债务人对债务人所负债务额的，对超出部分人民法院不予支持。

第二十二条　债务人在代位权诉讼中，对超过债权人代位请求数额的债权部分起诉次债务人的，人民法院应当告知其向有管辖权的人民法院另行起诉。

债务人的起诉符合法定条件的，人民法院应当受理；受理债务人起诉的人民法院在代位权诉讼裁决发生法律效力以前，应当依法中止。

实证案例：

安徽省合肥市中级人民法院民事判决书（2019）皖01民终3411号。

判决摘编：

2014年，赵某（以下简称原告）与李某辰（以下简称第三人）因民间借贷纠纷向合肥市蜀山区人民法院提起诉讼，合肥市蜀山区人民法院作出（2014）蜀民一初字第03467号民事判决书，判令第三人于判决生效之日起三十日内一次性支付原告借款本金1,091,100元及利息（至2014年7月5日止的利息为208,900元，自2014年7月6日起的利息以1,091,100元为基数按照月利率1%计算至判决确定的履行期限内实际支付之日止）。该判决生效后，第三人未履行判决书确认的义务，原告向合肥市蜀山区人民法院申请强制执行。合肥市蜀山区人民法院向第三人发出执行通知书，责令被执行人第三人立即履行支付借款本金及利息等义务。2017 年 12 月 8 日，第三人与高某某（以下简称被告）签订《存量房买卖合同》及《补充协议》，《存量房买卖合同》约定第三人将其所有的位于合肥市庐阳区某室房屋出卖给被告，购房款合计 3,300,000 元，2017 年 12 月 29 日支付房款 2,000,000 元，2018 年 3 月 28 日支付房款 500,000 元，2018 年 6 月 28 日支付 800,000 元。逾期支付价款的，未超过 15 日，按照房屋价款万分之五支付违约金，合同继续履行。逾期超过 15 日，可以解除合同，支付房屋价款的百分之八作为违约金。《补充协议》明确房屋总价款为 3,300,000 元，首批房款 2,000,000 元于过户当天支付到监管账户，第二批房款 500,000 元于过户后三个月内支付甲方指定账户，尾款 800,000 元于过户六个月内支付到甲方指定账户。甲方支付 5,000 元定金，乙方支付 30,000 元定金。

2018 年 8 月 27 日，第三人向合肥市蜀山区人民法院表示收到被告购房款 2,820,000 元，剩余 480,000 元未付清。第三人同时出具承诺书一份，该承诺书承诺 2018 年 8 月 28 日向合肥市庐阳区人民法院提起对被告的房屋买卖合同诉讼。之后，第三人未提起诉讼。原告于 2018 年 9 月 4 日提起诉讼。一审法院认为：本案为债权人代位权纠纷。综合原告提出的诉讼请求和被告的答辩理由及第三人的意见，本案的争议焦点在于：1. 原告的诉讼主体资格；2. 第三人是否怠于行使其对被告的债权；3. 本案原告可以代位行使的债权范围。

1. 原告的诉讼主体资格

《最高人民法院关于适用〈中华人民共和国合同法〉若干问题的解释（一）》第十一条规定："债权人依照合同法第七十三条的规定提起代位权诉讼，应当符合下列条件：（一）债权人对债务人的债权合法；（二）债务人怠于行使其到期债权，对债权人造成损害；（三）债务人的债权已到期；（四）债务人的债权不是专属于债务人自身的债权。"关于债权人原告对于债务人，即本案第三人的本金 1,091,100 元及相应的利息，已有合肥市蜀山区人民法院（2014）蜀民一初字第 03467 号生效民事判决所确定，之后因第三人未履行，原告向人民法院申请了强制执行，故二审法院对此予以确认。双方房屋过户时间为 2017 年 12 月 28 日，剩余 480,000 元款项应当支付的时间为 2018 年 6 月 27 日，即债务人第三人对次债务人被告享有的债权已全部到期。债务人第三人对本案被告所享有的该笔债权，其性质不是专属于其自身的债权，属于债权人可代位主张的债权。故原告向一审法院提起代位权诉讼，诉讼主体适格。被告的该项抗辩意见，不予采信。

2. 第三人是否怠于行使其对被告的债权

《最高人民法院关于适用〈中华人民共和国合同法〉若干问题的解释（一）》第十三条规定："合同法第七十三条规定的'债务人怠于行使其到期债权，对债权人造成损害的'，是指债务人不履行其对债权人的到期债务，又不以诉讼方式或者仲裁方式向其债务人主张其享有的具有金钱给付内容的到期债权，致使债权人的到期债权未能实现。次债务人（即债务人的债务人）不认为债务人有怠于行使其到期债权情况的，应当承担举证责任。"本案中，被告抗辩认为第三人一直向其催要款项，不存在怠于行使权利的情况。第三人对此也予以认可。鉴于第三人既未积极向债权人原告履行到期债务，又未"以诉讼方式或者仲裁方式"向其债务人被告（本案次债务人）主张其享有的具有金钱给付内容的到期债权，特别是第三人在强制执行过程中出具承诺书承诺提起对被告的诉讼，但是之后未履行其行为，明显损害了债权人原告的合法权益。第三人的上述行为导致原告的债权不能实现，属于《中华人民共和国合同法》第七十三条规定的"怠于行使其到期债权，对债权人造成损害的债务人"，故二审法院认定本案债务人第三人存在怠于向次债务人被告主张债权并损害债权人原告利益的事实。

3. 本案原告可以代为行使的债权范围

对于被告拖欠第三人剩余房款 480,000 元，根据双方签订的存量房买卖合同及两份补充协议，予以确认。

对于原告主张的违约责任问题。第三人与被告之间签订的合同有：2017年12月8日签订的存量房买卖合同及补充协议、2017年12月26日网签备案的存量房买卖合同及自行签订的补充协议。一审法院根据四份协议认定被告应当支付第三人逾期付款违约金为30,000元。理由在于：(1) 2017年12月26日网签备案的存量房买卖合同约定的价款为2,000,000元，并不涉及尾款支付的违约责任；(2) 2017年12月26日双方自行签订的补充协议中关于逾期付款的违约责任仅仅涉及到2,500,000元，并未涉及尾款800,000元的违约责任问题；(3) 2017年12月8日补充协议中明确了违约责任的认定。在之后的协议中未涉及本案尾款800,000元的违约责任问题，应当适用该补充协议中的条款认定。

被告抗辩认为其在房屋买卖过程中代第三人支付了第三人应当承担的税费125,714元，应当在剩余的房款中予以扣除。第三人认为在买卖的磋商过程中其应当净得3,300,000元，其余与其无关，即所有税费应当由被告个人负担。《中华人民共和国合同法》第九十九条规定：当事人互负到期债务，该债务的标的物种类、品质相同的，任何一方可以将自己的债务与对方的债务抵销，但依照法律规定或者按照合同性质不得抵销的除外。当事人主张抵销的，应当通知对方。通知自到达对方时生效。抵销不得附条件或者附期限。就本案而言，第三人认为其与被告在交易过程中已经明确了被告支付所有税款，第三人净得 3,300,000 元。另外，2017 年 12 月 26 日缴纳税款的当天双方的补充协议仍然明确了总价款为 3,300,000 元，并进一步明确了如何分期支付房款的问题，并未涉及代付税款等情况，故第三人对是否存有合法有效的债务存有异议，被告举证也不能反映出其对第三人享有合法有效的债权，对于存有异议的债权不是本案审查的范围。另外，本案原告代为行使的房屋购房尾款，被告主张抵销的款项是代为支付的税款，不能认定双方是"互负到期债务，该债务的标的物种类、品质相同的"，对于被告该项抗辩意见，不予采信。

被告另抗辩认为买卖双方办理过户计税金额为 2,000,000 元，第三人应当补交差额的税款，在补交之前被告有权拒付剩余款项或者可以行使不安抗辩权。由于第三人恶意避税，使被告的合法权益遭受了损害。人民法院应当在认定案涉房产转让款为 3,300,000 元的前提下，第三人依法应当补交相应税费，其补交税费用后，被告可以支付剩余款项。在未依法补交税前，有权暂不支付剩余房款。买卖双方已经完成了过户登记手续，作为买受人的被告应当履行支付房款的义务，被告以此为由提出暂不支付剩余房款的抗辩意见，不予采信。

综上所述，原告的债权人代位权主张，有事实及法律依据，予以支持。据此，依据《中华人民共和国合同法》第七十三条,《最高人民法院关于适用〈中华人民共和国合同法〉若干问题的解释(一)》第十三条、第十九条、第二十条之规定,判决如下:

一、被告被告于本判决生效之日起十日内支付原告购房款 480,000 元及逾期付款违约金 30,000 元(在被告履行该债务后,原告与第三人,第三人与被告之间相应的债权债务关系即予消灭);

二、驳回原告的其他诉讼请求。如果未按本判决指定的期间履行给付金钱义务,应当依照《中华人民共和国民事诉讼法》第二百五十三条之规定,加倍支付迟延履行期间的债务利息。

一审判决后,被告不服一审裁判结果,上诉至合肥市中级人民法院,二审法院在查明事实后,依照《中华人民共和国合同法》第七十三条及其相关规定驳回了上诉,维持原判。

案例点评:

本案中原告与第三人之间系民间借贷合同关系,第三人与被告之间系房屋买卖合同关系,同一案由之下所涉两个不同法律关系。倘若根据一般合同法律常识,即合同相对性原则,本案原告的债权实现只能找第三人来实现,无理由找本案被告,因为本案原被告之间并无直接的合同关系。根据我国《合同法》第七十三条及其相关规定,本案原告的胜诉以无可辩驳的事实证明:合同相对性有例外。这是常识之外的知识,也是解决企业债的新奇思路。在此思路之下,对于解决经济下行压力之下的"三角债"大有裨益,让该实现的债权得以实现,让该履行的债务得以清偿,但这都不是最重要的。本案最富有价值、最富有启示意义的是:债务链条之中间人,完全可以依法逃出债务链条、逃出债网,比如本案中的第三人。如此,在本书所谓"企业债链条"和"结债成网"之中的企业和企业家们将不再深陷其中,至少法律和裁判案例都为其指明了方向。不过,代位求偿权依然是比较复杂的法律技术安排,对代位求偿权解决企业债的相关事项仍旧存在不少困难,需要在实践中不断去尝试和探索。

第十一章 时间就是生命：企业债展期

当你为错过太阳哭泣的时候，你也将错过群星了。　　　　　　　　　　——泰戈尔

"时间就是生命"，这句话在讨论企业债时同样适用。笔者实际参与处理的企业失败案例，以及新闻报道的一些原本颇负盛名却突然倒下的企业事件，大多数根本原因就在于"债务链条"的断裂或"结债成网"的波及。这些企业原本并没有到达破产倒闭的边缘，只是"企业债"没有留给企业更多的时间和空间去妥善处理而已。少数有机会去应对债务危机的企业，在应对"企业债"链条紧绷或断裂危险时，却又寄希望于不切实际的股权或债权融资。事实上，在货币流动性趋紧但尚可的时候，"融资"确实是一种临时的救济措施，但"融资"也确实助长了企业的"依赖症"和"巨婴症"。在金融市场经过多轮无情洗礼后，市场上的货币流动性已从"充足"转向"偏紧"时，很多企业依然沉迷于对外来输血——"融资"的依赖，像个嗷嗷待哺的婴儿需要吃奶，仍然把银行和各类金融机构当成可以随时吃奶的"奶妈"。只是"奶妈"尚在，资金"奶水"却干涸了，就算卖命聒噪的"资金掮客"煽情地游说，激发出无尽"母爱"般的

同情也无济于事了。

笔者以为，在经济处于下行通道和债务违约即将爆发的双背景下，当"融资"变成小概率成功事件时，通过法律技术上的"债务展期"来解决"企业债"的重负和问题，更具有现实意义和无限可能。

（1）履行抗辩权，这是最典型的"权利义务"对等，债权人有多少主张债权实现的权利，几乎债务人就对应多少抗辩的权利。债权人不仅仅只有"权利"，其也负有义务，债务人也不仅仅负有义务，其也有权利。在企业日常所用各类合同之中，大多是"双务"合同，即双方互负义务。一方要主张自己的权利，首先必须检讨和考虑自己的义务履行情况和履行义务的时间顺位。我国《合同法》为债务人通过立法方式设立了三项抗辩权——同时履行抗辩权、顺位履行抗辩权和不安抗辩权，分别为负有同时履行义务的债务人、后履行义务的债务人和先履行义务的债务人服务。处于"企业债链条"和"结债成网"之中的企业，不管是哪个时间顺序的债务人，都可以找到并利用相应抗辩权，以延缓债务的履行，为己方争取企业债展期。比如，处于买卖合同关系之中的采购方企业，若面临供货方企业催款时，采购方企业完全可以以合同"先货后款"、货物质量、售后服务等为由进行抗辩，以拒绝款项支付的请求；反之，供货方面临采购方企业催货时，也可以"货款支付"为由进行抗辩，拒绝交付货物，以避免财货两失。至于"货款支付"的具体事由，则可以是"货款未付"，也可以是"货款有拒付的可能"。敬爱的读者你没看错，"拒付可能"，持有这一合理怀疑并有证据支持，就可以成为抗辩理由——不安抗辩权。总之，法律赋予了买卖双方全面且对等的抗辩依据，如何选择适用，须以实际情况而定。

（2）有效异议，法律契约的签署和履行是两个层面的事。一般来讲，签署在前，履约在后，签署的契约是应然，履约则是实然。签署需要为履约做准备，履约是在契约的指导下行事。当履约的"实然"未到达契约中的"应然"时，另一方即可提出有效的异议，比如我国《合同法》有关买卖合同之买受人检验和通知。买受人发现出卖人交付的货物或服务不符合约定时，及时提出"有效异议"，则买受人"款项"支付义务展期将获得道德和法律上的双重支持。需要特别说明的是，"有效异议"不仅仅在买卖合同中体现，在我国《合同法》其他明文规定的"有名合同"以及未明文规定的"无名合同"皆有不同程度的体现，需要详细区别而论。

（3）担保展期，一种通过第三方提供"增信"措施的"企业债"展期方法。任何已届清偿期限的债务，要么清偿，要么尝试展期，否则，债务人将要承受高额违约金或罚息等负担，使得债务规模增加。当清偿债务轻而易举时，自不必忧虑；当清偿不可能或存在不可克服的困难时,且前述"履行抗辩"和"有效异议"都无法奏效时,向债权人提供可信的第三方担保也许是"债务展期"可尝试的方法。债权人的"债权"将获得额外的保障,而其代价也许就是"债务人"期待的"展期",如此债权人和债务人则可各取所需。而另外不得不说的额外代价,将在债务人和担保人之间协商产生——世界上没有免费的午餐,担保人不会无缘无故地为债务人提供担保,除非债务人向担保人交付必要的"代价"。

关于债务积压的危险性本书第五章已有论述,但笔者一直鼓励企业家应该积极和客观地认识"企业债",在企业债灭失不可能,企业家融资自救的金融市场条件又不具备时,通过法律技术措施的实施,以债务"时间"换取企业生存"空间",这就是本章的全部努力所在。但必须纠正的是:律师提供的各种方法能够"挽救"陷入债务危机中的企业,律师可以像"救世主"一样轻而易举地化腐朽为神奇,这是大错特错的误解。**律师以及包括债务展期在内的各种解决企业债的方法,这一切努力只是让企业债链条不断,只是为企业争取生存空间和时间。简单地说,律师只能帮助企业"续命",而不能为企业彻底"改命"。**然而,当律师提供的各种努力变为现实,企业债展期得以落实,企业自身的造血功能需要企业家自身的不懈努力和静候市场环境的向好。当企业家为解决企业生存危机或企业债陷入危难时,当企业家为

"融资"失败自怨自艾的痛哭时,笔者希望企业和企业家们,千万不要再错过解决企业债的各种方法了。也许这些都只是如泰戈尔所说的"群星",不如"融资"这么一个"太阳"光芒四射,但却依然可以繁星点点地照亮夜空。

*附录二　企业债展期

(1) 概念:履行抗辩权

法条依据:

《中华人民共和国合同法》

第六十六条　同时履行抗辩权　当事人互负债务,没有先后履行顺序的,应当同时履行。一方在对方履行之前有权拒绝其履行要求。一方在对方履行债务不符合约定时,有权拒绝其相应的履行要求。

实证案例:

浙江省高级人民法院民事判决书(2016)浙民终271号。

判决摘编:

2014年7月2日,A公司(以下简称原告)、B集团公司(以下简称被告)订立一份VIS设计合同,约定被告公司委托原告提供视觉识别形象系统VIS的内容规划与创作设计。双方约定的合同履行期限为2014年7月7

日至同年 11 月 6 日，合同金额 150,000 元，由被告公司分四次支付给原告：2014 年 7 月 7 日前，被告公司支付合同定金 30,000 元；2014 年 8 月 7 日前，原告提交被告设计初稿，被告公司支付 60,000 元；2014 年 9 月 7 日前，原告提交被告 VIS 管理手册初稿，被告公司支付 50,000 元；2014 年 11 月 6 日前，原告提交被告 VIS 管理手册确认稿全部稿件，被告公司支付 10,000 元。同时约定：考虑设计修改等因素，根据项目进展，可适当缩短或延长服务时间，最终以被告公司认可定稿为止。双方约定被告公司有权修改、核准原告提供的所有作品，且对设计内容负审查责任，保证经其审查过的广告内容不包含以下内容：……②任何侵犯第三方知识产权（包括版权、专利、肖像权、商标、商业秘密）或其它相关权利的内容。双方约定任何一方不得无故中止或终止协议的履行，否则违约方赔偿受害方合同总额的 100%；合同执行过程中，如被告公司出现款项拖欠现象，则违约金每日按合同总额的 1‰ 累计结算。

合同签订后，被告公司于 2014 年 7 月 7 日支付定金 30,000 元、于 2014 年 8 月 1 日支付 60,000 元。原告如约完成 VIS 管理手册设计，被告公司已签收。原告在完成被告设计初稿后，未经对方有效确认，即将该初稿投入被告 VIS 手册设计，于 2014 年 9 月 2 日前径直交付被告 VIS 手册初稿。被告公司对该 VIS 手册初稿进行了审核，以原告设计的被告 LOGO 申请商标注册成功率较低为由，于 2014 年 9 月 2 日发函告知原告审核不予通过并退回上述 VIS 手册初稿。原告于同日复函称已向多家专业注册机构查询预审，认为图形雷同的可能性为零、图形近似概率低，建议可将其设计的被告 LOGO 提交申请商标注册。2014 年 9 月 11 日，被告公司将原告设计的被告 LOGO 初稿向国家工商行政管理总局商标局（简称国家商标局）申请注册商标，国家商标局于 2015 年 6 月 26 日作出《商标驳回通知书》，以"该商标与案外公司在类似服务项上已注册的第 10535402 号'图形'商标近似"为由，驳回被告 LOGO 的商标注册申请。2015 年 5 月 12 日，被告公司通过电子邮件向原告发送补充协议，协商减少合同价款，原告于 2015 年 5 月 14 日发函表示不接受，双方协商未果，补充协议未成立。被告公司至今未支付合同剩余价款。2016 年 1 月 20 日，原告诉至一审法院，请求判令：1. 被告公司向原告支付服务费 60,000 元；2. 被告公司向原告支付因拖欠支付累计结息费用 76,950 元；3. 案件受理费由被告公司承担。

一审法院认为，本案的争议焦点为：一、原告是否已按约履行合同义务。首先，原告就被告 VIS 手册初稿部分存在履行瑕疵。其次，关于本案案由，根据《中华人民共和国合同法》第三百五十六条第二款规定，技术服务合同是指当事人一方以技术知识为另一方解决特定技术问题所订立的合同，不包括建设工程合同和承揽合同。一审法院认为，本案涉案合同确不属于技术服务合同。双方签订的 VIS 设计合同约定被告公司委托原告提供视觉识别形象系统 VIS 的内容规划与创作设计。本案合同符合委托创作合同要件，本案案由应变更为委托创作合同纠纷。原告与被告公司签订的《VIS 设计合同》，系双方真实意思表示，其内容不违反国家法律、行政法规的禁止性规定，应依法确认有效。VIS 设计合同经双方签字盖章生效后，被告公司按照约定支付了定金和部分设计费，原告如约完成 LOGO 及 VIS 管理手册设计，被告公司已签收确认。双方在合同中约定设计内容需经被告公司审查确认，但原告在被告 LOGO 初稿完成后，未经对方有效确认，即将该 LOGO 初稿投入被告 VIS 手册设计，径直交付被告 VIS 手册初稿，违反了合同约定义务。虽然 LOGO 可以解释为商标或标识，但考虑本案中 VIS 设计的目的是用于商业宣传，而 LOGO 是 VIS 设计的核心要素，依合同目的和条款文义，被告公司可以合理预期设计定稿的 LOGO 可以在商业宣传中合法地广泛使用而不侵犯他人在先权利。被告公司提供的国家商标局的《商标驳回通知书》证实了原告设计的被告 LOGO 与案外公司在类似服务项上已注册的第 10535402 号"图形"商标近似。根据《中华人民共和国合同法》第一百一十一条、第六十一条，质量不符合约定的，应当按照当事人的约定承担违约责任。对违约责任没有约定或者约定不明确，当事人可以协议补充；不能达成补充协议的，按照合同有关条款或者交易习惯确定。仍不能确定的，受损害方根据标的的性质以及损失的大小，可以合理选择要求对方承担修理、更换、重作、退货、减少价款或者报酬等违约责任。

二、被告公司未支付合同剩余价款的行为是否构成违约及其应承担的违约责任。被告公司未支付合同剩余价款不构成违约。按照《中华人民共和国合同法》第六十六条的规定，当事人互负债务，没有先后履行顺序的，应当同时履行。一方在对方履行之前有权拒绝其履行要求。一方在对方履行债务不符合约定时，有权拒绝其相应的履行要求。本案中，被告公司就原告瑕疵履行的被告VIS管理手册部分，可以拒绝其相应的履行要求。该部分价款应综合考虑上述未完成的工作量占总工作量的比例合理确定。被告公司目前尚未支付的合同价款占合同总金额的40%，与原告瑕疵履行的部分相比已属合理。关于本案管辖权问题，被告公司提交管辖权异议申请书时已超出提交答辩状期间，原审法院不予审查。据此，原审法院根据《中华人民共和国合同法》第八条、第六十条、第六十一条、第六十六条、第一百一十一条，《中华人民共和国民事诉讼法》第一百二十七条、第一百五十二条之规定，于2016年3月30日做出判决：驳回原告的诉讼请求。案件受理费3039元,由原告承担。

宣判后,原告不服,向浙江省高级人民法院提起上诉,案件进入二审诉讼程序。二审中,浙江省高级人民法院又将"同时履行抗辩"归结为争议焦点之一。浙江省高级人民法院审理认为,《中华人民共和国合同法》第六十六条规定:"当事人互负债务,没有先后履行顺序的,应当同时履行。一方在对方履行之前有权拒绝其履行要求。一方在对方履行债务不符合约定时,有权拒绝其相应的履行要求"。如前所述,由于原告未按约履行完成被告VIS管理手册部分的义务,被告公司有权拒绝其相应的履行要求,故被告公司未支付合同剩余价款的行为并不构成违约。原审法院综合考量"被告"与视觉识别形象系统VIS设计内容占合同价款的权重比例以及原告未完成工作量占总工作量的比重后,确定的合同价款合理,应予维持。浙江省高级人民法院综合其他研判认为,原告未按约履行合同义务,被告公司有权就原告瑕疵履行部分拒绝其相应的履行要求,原告的上诉理由不能成立,其上诉请求不予支持,原判认定事实清楚,适用法律正确,判决:驳回上诉,维持原判。

案例点评:

B集团公司委托另外一家企业(即A公司)进行VIS设计,这是典型的委托合同,属于我国《合同法》规范的行为范式。负责设计的A公司出具的工作成果存在瑕疵，B集团公司发现瑕疵通告A公司，双方已就存在的设计瑕疵进行交涉，这种交涉可以视为依照我国《合同法》第六十六条之规定进行的抗辩，即尾款支付请求的有效抗辩。事实上，浙江省两级法院的裁判文书均对该抗辩的合法性予以确认。这是"同时履行抗辩"在解决"企业债"方面的有效例证，履行抗辩的合法使用，可以使得企业债务人在面对债权人讨债时，在权利主张上予以对抗，在偿付债务上的时间延迟，甚至可以部分地拒绝偿付金钱债务。如此，便能够为企业争取更广阔的时空和空间，让企业在发展和解决"企业债链条"和"结债成网"的过程中，具有更大的灵活性。总之，笔者以此案为例，就是让企业和企业家们正视自身权利的行使，面对"企业债"时不可放弃固有权利，避免企业因债务累积而陷入经营困境。

法条依据：
《中华人民共和国合同法》

第六十七条　顺序履行抗辩　当事人互负债务，有先后履行顺序，先履行一方未履行的，后履行一方有权拒绝其履行要求。先履行一方履行债务不符合约定的，后履行一方有权拒绝其相应的履行要求。

实证案例：
浙江省嘉善县人民法院民事判决书（2019）浙0421

民初 47 号。

判决摘编：

上海市轨道交通 10 号线港城路停车场地块上盖板地建设项目，由案外人某隧道工程有限公司为总承包方，A 公司（以下简称被告）为材料采购方。2018 年 5 月 29 日，以 B 公司（以下简称原告）为承揽方，被告为定作方，双方签订《加工定作合同》，约定由原告为被告定作预应力混凝土管桩，数量为 50,000 米，单价为 95 元/米。合同约定总价中的 85% 应开具税率为 16% 的材料费发票，其余 15% 应开具税率为 10% 的运输费发票。合同第七条约定结算方式及付款方式：数量按实际发生数量结算；无预付款，每供一万米桩 5 个工作日内结算至该批次货款的 100%。供方承诺：①增值税专用发票出具单位、收款单位与本合同供方完全一致；②发票开具的内容和本合同约定内容完全一致；③如供方向需方提供的增值税专用发票发生不规范、不合法、不及时、不真实等情况，承揽方须承担相应的法律责任及对定作方的赔偿责任（包括但不限于税款、滞纳金、罚款及相关损失等），且需方有权无息延期付款，直到需方提供规范的增值税专用发票。合同签订后，原告为被告定作管桩并陆续交付给被告。其间，双方因管桩质量问题发生争议，被告向原告退还管桩 1,300 米，实际已施工使用 13,689 米。至原告提起诉讼时，原告尚有价税合计为 1,300,455

元的增值税专用发票未开具,被告的应付款为 1,300,455 元,为此诉至法院。经法院调查审理后,法庭归纳争议焦点时,被告是否有逾期付款的违约行为被认定为焦点之一。对于此事项,法院审理认为,《中华人民共和国合同法》第六十七条规定:当事人互负债务,有先后履行顺序,先履行一方未履行的,后履行一方有权拒绝其履行要求。先履行一方履行债务不符合约定的,后履行一方有权拒绝其相应的履行要求。本案中,尽管双方在合同中约定了付款方式,但同时在合同中约定"如供方向需方提供的增值税专用发票发生不规范、不合法、不及时、不真实等情况……且需方有权无息延期付款,直到需方提供规范的增值税专用发票"。该约定实际上明确了开具发票和支付价款的先后履行顺序,原告有先履行开具增值税专用发票的义务,虽付款义务与开具发票义务具有不对等性,但在合同有明确约定的情况下,应尊重合同当事人的意思自治,因此,在原告未履行开具发票义务时,被告享有先履行抗辩权,有权拒绝履行付款义务。因此,审理法院判定:在原告提起诉讼时,被告不构成违约。对原告要求被告赔偿利息损失的请求,法院不予支持。但在本案诉讼过程中,原告已开具了发票,被告就有了付款义务。

案例点评:

在法律的世界里,平等、对等确实很重要,但有时候"先后"顺序也很重要，比如讨论类似本案有关"抗辩权"的事项时。实际上，在企业与企业之间签署大量种类繁多的合同之中，能够适用我国《合同法》第六十六条同时履行抗辩的机会很少，而适用《合同法》第六十七条顺序履行抗辩的情形却大量存在。因为几乎所有市场主体签署的法律合同，都是市场供需双方力量博弈平衡的结果。在博弈平衡、讨价还价的合同协商过程中，皆会把各自关心的事项优先考虑，而最终签署的合同就是各自"优先"妥协的结果，有"优先"就会有"劣后"，也就会有先后顺序。顺序，某种意义上来说，就是法律权利位阶，在合同实际履行过程中，已被合同固定的顺序，也应该被遵循，这就是顺序履行抗辩存在的前提原因。结合本案来看，法院在审理案件事实部分特别提及了发票和付款的顺序问题，也即原告开具发票是被告付款的前提，在原告尚未开具发票之前，主张被告违约，被告方完全有权依据我国《合同法》第六十七条进行顺序履行抗辩，法院最终也采纳了被告的抗辩意见。本案以实证案例，证明了顺序履行抗辩在解决"企业债"时的意义，这种意义不仅仅体现在法院的最终裁判上，也体现在被告作为债务人事先将"顺序履行抗辩"安排在合同里，可以让本案被告理直气壮地拒绝支付后续款项，为被告款项支付的债务展期——至少展期到起诉时。如此能够让被告的债务压力减轻，有足够多的时间和空间，从容应对"企业债"而生的"结债成网"。

法条依据：
《中华人民共和国合同法》

第六十八条　不安抗辩权　应当先履行债务的当事人，有确切证据证明对方有下列情形之一的，可以中止履行：（一）经营状况严重恶化；（二）转移财产、抽逃资金，以逃避债务；（三）丧失商业信誉；（四）有丧失或者可能丧失履行债务能力的其他情形。当事人没有确切证据中止履行的，应当承担违约责任。

第六十九条　不安抗辩权的行使　当事人依照本法第六十八条的规定中止履行的，应当及时通知对方。对方提供适当担保时，应当恢复履行。中止履行后，对方在合理期限内未恢复履行能力并且未提供适当担保的，中止履行的一方可以解除合同。

实证案例：
最高人民法院民事判决书（2018）最高法民终303号。

判决摘编：
2015年12月31日，江苏A公司（以下简称原告）作为承包人与作为发包人的江西B发电厂（以下简称被告）签订一份《承包项目合同》。该合同第一章2.2约定：原告将利用其各种资源完成合同项下义务。4.1.1约定：根据原告投标报价及承诺，按机组年发电量 63 亿千瓦时，三年总费用 12,519.9 万元，每年度费用为 4,173.3 万元，折算单价按 662,428.6 元/亿千瓦时，结算时按照实际发电量增减同比例调整。4.2 约定：每月货款在次月 7 个工作日内由原告向被告全额付清，逾期 7 天未付清货款，被告有权取消其承包资格。前期货款由货物保证金抵扣，当抵扣至 500 万元，则不再抵扣。留下 500 万元作为货物保证金到合同结束，合同结束后予以一次性退还，不计利息。在合同第二章中，双方约定合同期限从 2016 年 1 月 1 日起到 2018 年 12 月 31 日止，共计 36 个月。《招标文件》及其附件等作为合同的组成部分。该章 2.2 约定：原告如存在拒不履行投标承诺及合同职责与义务、不按合同条款支付货款等情形，被告可以解除合同，合同履约金不予退回。另有，案涉《招标文件》亦载明若干内容。

案涉《承包项目合同》签订后，原告向被告支付了 1,000 万元货物保证金，双方开始履行合同。

2016 年 4 月 13 日，原告向被告发出《协商函》，内容为：根据实际数据统计，被告在 2016 年 1—3 月煤灰同比有较大下降，由于受到国际煤炭价格市场的影响，国内煤炭价格同时下跌，同时被告为了响应国家"节能减排"等相应政策，采用高热量的煤炭本无可非议，但却是双方订立合同时无法预见的、非不可抗力原因造成的且不属于商业风险的重大变化,该变化已经致使订立合同时的基础开始动摇,双方预期的权利、义务严重不对等,使合同失去了本来的平衡和公平。若被告长期采用高热量的煤炭必将导致煤灰、煤渣的实际产量大幅减少,如果再按照合同约定以发电量向被告支付合同价款,对原告显失公平。为双方更好地履行合同,请求友好协商,以达到互惠互利、友好合作的目的。同时提供以下方案供决议参考:一、按月计算出粉煤灰产量,按照实际月粉煤灰产量支付相应的合同金额;二、合同第二章第四条补充修改为"按机组年发电量63亿千瓦时,年粉煤灰产量吨,三年总费用12,519.9万元,每年度费用为4,173.3万元,折算单价按662,428.6元/亿千瓦时,结算时按照实际粉煤灰量增减同比例调整";三、按实际销售额,被告及时提供增值税发票进行结算。

2016年5月4日,被告向原告发出《关于中止〈全厂灰、渣销售及运输,卸灰和分选设备检修运行维护承包项目合同〉的通知函》(简称《通知函一》),内容为:截至2016年5月3日,原告未按合同约定及通知函要求支付货款2,004,878元。鉴于原告一直未予积极回复,被告决定自2016年5月4日12时起中止履行与原告签订的《承包项目合同》。现要求原告尽快完成4月份合同结算,并于2016年5月11日17时30分前按合同约定支付全部货款。逾期不付,双方之间的合同自2016年5

月 11 日 17 时 30 分自动解除，所欠货款将从原告所交保证金中自动扣除，并保留进一步追究违约责任的权利，届时恕不另行通知。

2016 年 7 月 22 日，被告向原告发出《关于中止〈全厂灰、渣销售及运输，卸灰和分选设备检修运行维护承包项目合同〉的通知函》（简称《通知函二》），告知：截至 2016 年 7 月 22 日已结算 5、6 月份货款及上半年水电费 3,704,911 元，原告已支付货款 56 万元，原告未按合同约定支付剩余货款 3,144,911 元。为保护自身合法权益，被告决定自 2016 年 7 月 25 日 16 时起中止与原告签订的《承包项目合同》，并要求原告于 2016 年 8 月 2 日 17 时 30 分前按合同约定支付剩余货款，逾期不付，双方之间的合同关系自 2016 年 8 月 2 日 17 时 30 自动解除。所欠货款将从原告所交保证金中自动扣除，并保留进一步追究因原告违约造成被告一切损失的权利（含 7 月份未结算货款），届时恕不另行通知。

2016 年 8 月 2 日，被告再次向原告发出《关于解除〈全厂灰、渣销售及运输，卸灰和分选设备检修运行维护承包项目合同〉的通知函》（简称《通知函三》），内容为：2016 年 7 月 23 日被告致函要求原告在 2016 年 8 月 2 日 17 时 30 分前按《承包项目合同》约定支付所欠货款 3,144,911 元。截至 2016 年 8 月 2 日 9 时 30 分原告仍未支付。为表示合作诚意，现被告再次致函，要求原告尽快完成 7 月份合同结算工作，并于 8 月 10 日 17 时 30 分前向被告支付所欠 5、6 月份剩余货款 3,144,911 元，7 月份货款、电费、日常考核计 3,588,355 元，共计货款 6,733,266 元。逾期仍不付，双方合同关系自 2016 年 8 月 10 日 17 时 30 分自动解除，所欠货款将从原告所交保证金中自动扣除，并保留进一步追究因原告违约造成被告一切损失的权利。庭审中，双方对被告使用的煤种并非设计煤种和校核煤种，中止合同期间被告的煤灰由第三方运走，现双方同意解除《承包项目合同》及对该合同已解除均没有异议。原告对相关事项不满，故诉至法院。

一审法院认为：原告与被告签订的《承包项目合同》系各方当事人真实意思表示，符合法律规定，应认定合法有效。双方在《承包项目合同》中约定《招标文件》等作为《承包项目合同》的附件和组成部分，也不违反国家法律及行政法规的禁止性规定，应认定合法有效。合同签订后，对双方具有法律约束力，双方应按合同约定履行自己的义务。被告发出《通知函三》系因原告未按时支付货款，而原告未支付货款并非故意，而是认为被告使用的煤种并非设计煤种和校核煤种。对被告发出《通知函三》中提出 2016 年 8 月 10 日解除合同，原告并未明确表示同意并于 2016 年 9 月 2 日向法院起诉。鉴于被告现已与第三方签订相关承包合同，客观上已经造成本案《承包项目合同》无法履行，以及本案在 2016 年 11 月 8 日庭审时，原告也作出同意合同解除的意思表示，根据《中华人民共和国合同法》第九十三条规定，确认双方签订的《承包项目合同》于 2016 年 11 月 8 日解除。

关于原告在本案中诉请的被告应赔偿损失问题。在合同解除前，双方应受合同约束。从现有证据来看，被告发出《通知函二》，自 2016 年 7 月 25 日中止合同后，在未征得合同相对方原告同意情况下，许可第三方拖运煤灰、煤渣，造成原告损失，对此被告应承担赔偿责任。一审庭审中，对原告提出的中止合同期间损失，被告并未明确提出反驳意见，一审法院认为原告关于中止合同期间损失的计算方法有一定的合理性，予以采纳。本案合同自 2016 年 7 月 25 日中止，到 2016 年 11 月 8 日解除，期间共计 107 天。本案合同履行 6 个月，被告实际供应煤灰 176,134.29 吨，计算出被告平均每天供应煤灰 978.5 吨，每吨煤灰市场价 95 元/吨，扣减煤灰的成本价 60 元/吨，原告每吨煤灰实际可得利润为 35 元，故原告在中止合同期间的实际损失是 3,664,482.5 元 [计算方法：978.5 吨/天 ×（95 元/吨 − 60 元/吨）× 107 天 = 3,664,482.5 元]，被告对此应予赔偿。

现双方同意解除合同且合同已经解除，原告诉请被告赔偿合同解除后剩余合同期间的可得利润损失，于法无据，不予支持。

另外,根据双方签订的《承包项目合同》约定及履行情况,可知原告已经支付的1,000万元货物保证金在抵扣500万元货款后不再抵扣,即尚有500万元货物保证金仍在被告账上。根据合同的实际履行情况,为避免诉累,被告账上的500万元货物保证金应退还原告。

综上,一审法院依照《中华人民共和国合同法》第八条、第六十条第一款、第一百二十条,《中华人民共和国民事诉讼法》第一百三十四条、第二百五十三条之规定,判决如下:

一、被告在判决生效之日起十日内向原告赔偿中止合同期间的损失3,664,482.5元;

二、被告在判决生效之日起十日内退还原告缴纳的货物保证金500万元;

三、驳回原告其他诉讼请求。

一审判决后,原、被告双方均不服一审所判,分别向最高人民法院提起上诉。最高人民法院在二审期间,原被告双方围绕上诉请求依法提交了证据。二审法院组织当事人进行了证据交换与质证。二审法院对一审查明的事实予以确认。

二审法院对部分庭审焦点裁判说理部分分析认为:

(一)关于被告未使用设计煤种和校核煤种是否构成违约问题。《承包项目合同》系当事人双方真实意思表示,未违反法律、行政法规的强制性规定,合法有效。

该合同约定案涉项目的《招标文件》及其附件为合同的组成部分，案涉《招标文件》就燃煤机组"系统概况"一节，明确"本期工程设计煤种采用安徽淮南煤，校核煤种1采用江西丰城煤，校核煤种2采用陕西黄陵煤，校核煤种3采用河南平顶山煤"。案涉《招标文件》确定的设计煤种、校核煤种品质并不相同，在热值方面存在较大差异。国网江西省电力公司电力科学研究院出具的《设计说明》，指出根据相关电力行业标准，设计煤种、校核煤种仅是用于确定燃煤机组指标的参考。该说明能够佐证设计煤种、校核煤种热值差异较大系为确定相关指标区间。原告自愿参与案涉项目招投标并以12,519.9万元中标，其在投标时显然应充分了解设计煤种、校核煤种属于行业术语。不同热值煤种产生的煤灰、煤渣存在较大差异，从原告订立案涉合同的目的即为购买煤灰、煤渣来看，其对此是知晓的。因此，其在投标及签订合同过程中未就影响煤灰、煤渣产量的实际使用煤种这一关键问题与被告进行磋商并作出约定，却同意按发电量计算货款，应自行承担相应后果。在合同履行过程中，原告于2016年4月13日向被告发出《协商函》，称虽然被告在2016年1—3月煤灰同比有较大下降，但基于市场、国家政策等原因，被告采用高热量煤炭无可非议，但因产生煤灰数量较往年减少，故商请将煤灰产量作为调整合同金额的重要因素。原告在该函件中只字未提被告违约用煤，反而以情势变更为由寻求变更合同约定。据此，一审法院认定招标文件就设计煤种、校核煤种的说明不属于双方约定必须使用的煤种，被告未使用该煤种不构成违约，并无不当。

（二）关于当事人双方在案涉《承包项目合同》解除前是否存在违约行为问题。2016年2月至6月原告共欠被告货款13,520,306.51元，扣除原告已支付的货款和货物保证金500万元，原告尚欠被告货款3,126,659.66元。双方在案涉《承包项目合同》第一章4.2"货款支付"中约定，每月货款在次月7个工作日内由原告向被告全额付清。而原告在2016年7月底仍未付清上述货款，明显违反合同约定。据此，原告已构成违约。

（三）关于被告在案涉《承包项目合同》解除前是否违约问题。1. 关于被告是否违约用煤问题。如前所述，被告并无必须使用案涉《招标文件》所载明的设计煤种、校核煤种的义务，原告关于被告违约用煤，无事实依据。2. 关于被告中止履行合同是否违约问题。《中华人民共和国合同法》第六十八条、第六十九条规定，应当先履行债务的当事人，有确切证据证明对方丧失商业信誉的，可以中止履行。该当事人中止履行的，应当及时通知对方。对方提供适当担保时，应当恢复履行。中止履行后，对方在合理期限内未恢复履行能力并且未提供适当担保的，中止履行的一方可以解除合同。根据案涉《承包项目合同》约定，被告具有当月允许原告拖运煤灰、煤渣的在先义务，次月行使收取货款的权利。案涉合同约定的合作期限自 2016 年 1 月 1 日起至 2018 年 12 月 31 日止，现原告在合作初期即出现违约未付款情形。被告于 2016 年 7 月 22 日向原告发出《通知函二》，决定自 2016 年 7 月 25 日 16 时中止履行案涉合同，拒绝原告拖运煤灰、煤渣，并及时通知原告，给予原告补交货款的合理期限，系依法行使不安抗辩权，并无不当。不安抗辩权属延期抗辩权，当事人仅是中止合同的履行，倘若对方当事人提供了担保或者做了对待给付，则不安抗辩权消灭，当事人应当履行合同。原告主张合同中止履行后至合同解除前，被告燃煤发电产生的煤灰、煤渣应留待原告拖运。被告主张，燃煤发电产生的煤灰、煤渣长期堆积会造成安全隐患，从而产生损失，被告委托第三方拖运煤灰、煤渣，具有合理性。原告对被告的主张虽不认可，但未能提供足以反驳的证据。据此，本案应当认定被告在案涉《承包项目合同》中止后，委托案外人拖运煤灰、煤渣具有合理性，并不构成违约。一审法院认定被告在中止合同后委托第三方拖运煤灰、煤渣构成违约错误，应予纠正。关于被告应否赔偿原告损失问题，具体分为以下两个方面：1. 关于原告主张的被告应赔偿其违约用煤损失 5,421,150 元问题。如前所述，被告对此不存在违约行为，原告该主张不能成立。一审法院对原告关于被告违约用煤，应赔偿其煤灰、煤渣减少产生的损失的主张不予支持，并无不当。2. 关于原告主张的被告应赔偿其中止合同至合同解除期间的损失636.65万元问题。如前所述，被告系依法行使不安抗辩权，不存在违约行为，无须赔偿原告中止合同期间损失，原告该主张亦不能成立。一审法院判令被告赔偿原告该期间损失3,664,482.5元错误，应予纠正。被告在一审中明确提出请求驳回原告的诉讼请求，一审法院关于被告未对原告主张的中止合同期间的损失提出反驳意见的认定与事实不符，应予纠正。

综上，二审法院审理后认为，被告的上诉意见和理由成立，应予支持；原告的上诉意见和理由不能成立，应予驳回。故，依照《中华人民共和国合同法》第八条、第六十八条第一款第三项、第六十九条、第九十三条第二款、第九十六条第一款，《中华人民共和国民事诉讼法》第一百七十条第一款第二项规定，撤销一审民事判决书，同时驳回原告的诉讼请求。

案例点评：

本案案情和审理经过恰似一部跌宕起伏的小说，作为被告的江西B发电厂用"峰回路转"来形容其案件命运并不为过。从一审的承担赔偿责任并返还保证资金，到二审的全面胜诉，驳回原告江苏A公司诉请，何止是"峰回路转"，简直是"惊天逆转"。对于本案被告来讲，前后判决以金额来论就是800多万元支付与否的差异。而被告之所以能够实现如此的前后逆转，笔者认为，就是我国《合同法》第六十八、六十九条不安抗辩权起了决定性作用。本案二审法院即最高人民法院是我国最高审判机关，其在本案判决说理部分对"不安抗辩"的分析和论证，不仅对于本案具有价值，对其他类似案件均具有示范指导意义。当然，也会对企业应对"企业债"具有重要意义。笔者在前面章节多次提及要正视"企业债"，而不应惧怕"企业债"，就算被诉至法院，只要科学地应对、从容地处理，且依法有据地抗辩，法律就会给予企业公正的对待。不过，需要说明的是，有多少权利主张，就有多少权利抗辩，但任何法律权利的落地，需要建立在扎实的证据基础之上，尤其是"不安抗辩权"的行使，法条明文要求具有一定的证据支持，故不安抗辩权的行使不可率性而为。不安抗辩权，是企业和企业家应对"企业债"的思路之一，但绝不是企业逃债耍赖的借口。

(2) 概念：有效异议

法条依据：

《中华人民共和国合同法》

第一百五十七条　买受人的检验义务　买受人收到标的物时应当在约定的检验期间内检验。没有约定检验期间的，应当及时检验。

第一百五十八条　买受人的通知义务及免除　当事人约定检验期间的，买受人应当在检验期间内将标的物的数量或者质量不符合约定的情形通知出卖人。买受人怠于通知的，视为标的物的数量或者质量符合约定。当事人没有约定检验期间的，买受人应当在发现或者应当发现标的物的数量或者质量不符合约定的合理期间内通知出卖人。买受人在合理期间内未通知或者自标的物收到之日起两年内未通知出卖人的，视为标的物的数量或者质量符合约定，但对标的物有质量保证期的，适用质量保证期，不适用该两年的规定。出卖人知道或者应当知道提供的标的物不符合约定的，买受人不受前两款规定的通知时间的限制。

实证案例：

绍兴市中级人民法院民事判决书（2019）浙 06 民终 611 号。

判决摘编：

绍兴某印染公司（以下简称原告）于 2015 年向福建省某环保设备公司（以下简称被告）购买 3 台静电除尘器，货款总金额 66 万元，设备由被告设计并安装后，于 2015 年 11 月 21 日经原告确认验收合格，后经浙江锦钰检测技术有限公司检测，分别于 2016 年 2 月 27 日、2016 年 4 月 28 日检测合格。双方签订的《设备买卖合同》中约定：第二条付款方式合同签订之日起 7 天内，5 万元作为预付款，货到现场后支付 0 元作为设备到货款，设备安装调试完毕后 210 天，环保检测通过后 7 天内，支付货款的 90%，合同总金额的 10% 作为质保金，安装调试满 12 个月后 7 天内支付；第七条售后服务设备自运行之日起计算保修期，质保期为壹年，保修期为伍年；第九条违约责任逾期未付款的，应按未付款的每日万分之五计算违约金。合同实际履行后，原告已支付货款 37.5 万元，尚欠 28.5 万元未支付。后因货款及质量问题诉至法院。在诉讼中，因原告申请，一审法院委托浙江省特种设备检验研究院对被告安装在原告处的定型机静电设备是否存在质量问题及具体原因进行鉴定，鉴定机构出具鉴定报告一份，认为定型机静电除尘设备存在质量问题。

一审法院认为，原告对欠付被告 28.5 万元货款的事实无异议，且讼争设备已验收及检测合格，合同约定质保期亦已届满，原告应按合同约定履行付款义务并支付违约金。原告抗辩因设备存在质量问题所以未支付货款，但其未能举证证实，故对被告要求原告支付货款及违约金的诉讼请求予以支持，关于违约金起算点，因设备于 2016 年 4 月 28 日检测合格，故依照合同约定依法进行调整。关于原告提出反诉认为设备存在质量问题要求被告赔偿损失的诉请。经原告申请，浙江省特种设备检验研究院出具鉴定意见为目前状态，设计的滤网装置定期清洗不便，存在一定设计缺陷，依据该结论，可以证实被告设计安装的讼争设备确实存在一定设计缺陷,该设计缺陷导致原告为进行整改而支出一定费用以及整改期间的停产损失可以明确,酌情确定该设计缺陷导致的整改费用及停产损失为7万元。据此,一审法院依照《中华人民共和国合同法》第六十条、第一百零七条、第一百一十四条、第一百五十九条、第一百六十一条、《中华人民共和国民事诉讼法》第六十四条之规定,判决如下:

一、原告应支付给被告货款28.5万元,自2016年5月6日起支付其中21.9万元,剩余6.6万元自2016年11月28日起至实际履行止按日万分之五的标准计算的违约金,于该判决生效之日起三十日内履行;

二、被告应支付给原告7万元,于该判决生效之日起三十日内履行。

一审后,原被告双方均不服一审所判,分别提起上诉。二审期间,双方当事人围绕上诉请求提供了新证据,二审法院组织双方当事人进行证据交换与质证。经审理,二审法院对一审查明的事实予以确认。

二审法院审理后认为,本案系买卖合同纠纷,双方当事人在二审中对于双方之间存在买卖合同关系,原告尚欠被告部分货款的基本事实并无争议,双方的争议焦点在于以下四方面:一是鉴定结论能否作为认定案件事实的依据;二是如果设备存在质量问题及设计缺陷,原告的整改措施是否具有关联性,一审判决认定整改费用分担是否合理；三是原告主张停产损失的依据是否充分；四是原告是否存在迟延付款的违约行为。

关于争议焦点一，二审法院经审查认为，鉴定结论可以作为认定本案事实之依据。

关于争议焦点二，二审法院经审查认为，根据《最高人民法院关于审理买卖合同纠纷案件适用法律问题的解释》第二十二条规定，出卖人对买受人在合理期间内提出的质量异议，未按要求予以修理，买受人通过第三人修理标的物后，可以主张出卖人负担因此发生的合理费用。同时，鉴于双方对设备整改均具过错，被告因所提供的设备存在质量问题及设计缺陷，且未履行设备维护的告知、培训义务，存在较大过错，原告以被告未予告知为由消极履行清理义务，亦存在一定过错，二审法院酌情认定被告承担70%整改费用即18.9万元，原告承担30%整改费用即8.1万元。

关于争议焦点三，二审法院经审查认为，《最高人民法院关于民事诉讼证据的若干规定》第二条规定，当事人对自己提出的诉讼请求所依据的事实或者反驳对方诉讼请求所依据的事实有责任提供证据加以证明。没有证据或者证据不足以证明当事人的事实主张的，由负有举证责任的当事人承担不利后果。原告虽反诉要求被告承担停产损失，但对于失火原因、停产事实、具体损失均未提供充分有效之证据予以证明，应当承担举证不能的不利后果，法院对该上诉主张不予采纳。

关于争议焦点四，原告主张其尚未支付剩余货款是因为设备存在严重质量问题，不应承担迟延付款的违约责任。二审法院经审查认为，关于原告提出质量异议是否超过质量异议期间的问题，《中华人民共和国合同法》第一百五十八条、《最高人民法院关于审理买卖合同纠纷案件适用法律问题的解释》第十七条第一款、第十八条对质量异议期作出规定，当事人没有约定检验期间的，买受人应当在合理期间内通知出卖人，但对标的物有质量保证期的，适用质量保证期。当事人约定的检验期间过短，买受人在检验期间内难以完成全面检验的，应当认定该期间为买受人对外观瑕疵提出异议的期间，人民法院应依法确定买受人对隐蔽瑕疵提出异议的合理期间。合理期间最长不超过两年。本案中双方当事人在《设备买卖合同》中约定质保期为自设备自运行之日起一年，但案涉设备的质量问题及设计缺属于隐蔽瑕疵，原告在约定质保期内难以完成全面检验，最终通过司法鉴定方才确认，故双方约定的质保期应认定为原告对外观瑕疵提出异议的期间，二审法院合理确定原告对隐蔽瑕疵提出异议的期间为两年。双方当事人确认原告于2016年12月20日函告被告设备存在质量问题，故原告向被告提出质量异议未超过两年合理期间，原告以设备存在质量问题为由拒绝支付剩余货款应视为行使不安抗辩权，并不存在迟延支付货款的违约行为,一审判决认定原告存在迟延付款的违约行为存在不当,法院予以纠正。

综上,原告应支付给被告的货款 28.5 万元与被告应支付给原告的整改费用 18.9 万元相互抵销后,原告尚应支付给被告 9.6 万元。被告认为一审判决认定停产费用缺乏依据的上诉请求成立,应予支持;原告认为一审判决认定整改费用、违约金不合理的上诉请求部分成立,应予支持;双方当事人其他上诉请求不能成立,应予驳回。一审判决认定事实基本清楚,但实体处理存在不当之处,法院依法予以纠正。依照《中华人民共和国合同法》第一百五十八条,《最高人民法院关于审理买卖合同纠纷案件适用法律问题的解释》第十七条、第十八条、第二十二条,《中华人民共和国民事诉讼法》第一百七十条第一款第二项规定,判决如下:撤销一审民事判决,原告应支付给被告 9.6 万元,限判决送达之日起十日内付清;驳回原、被告双方其他诉请。本判决为终审判决。

案例点评:

这又是一个被改判的案例,笔者能够在众多案例之中发现本案,这要归功于裁判文书的公开。笔者对裁判文书的公开,一直以来举双手赞成且抱有崇高的敬意。因为裁判文书的公开,不仅可以防止、避免司法腐败,也能让法律智慧四处传扬,更会让笔者在讨论"结债成网"时言之有据。本书第十一章讨论的"债务展期"就因此变得可信许多,因为诸如本案的存在,让聪明智慧的企业家们相信笔者所言非虚。本案原告作为买卖合同关系之买方,是款项支付义务的一方,若无特定事由其支付款项也是必需的"企业债",一审判决即是如此所判:原告偿还28.5万元及违约金若干给被告。而在二审中,二审法院适用了我国《合同法》第一百五十八条之规定,明确了原告"质量有效异议"的权利,确认原告延迟支付货款并不构成违约,为原告方"企业债"以司法判例形式确认"延期支付"合法,这就是笔者所谓的"债务展期"。不过,"有效异议"的价值和意义不仅仅体现在法庭诉讼之中——法庭只不过是检验"异议"从而让企业债展期合法与否的场所,而是可以运用到处理日常"企业债"之中。企业和企业家面对"企业债"压力山大的时候,不必忧虑和惊慌失措,企业虽然负债,但并不一定该债务就必须立即清偿。合理利用"有效异议",指出债权人履行瑕疵,拒绝债务立即清偿,为"企业债"争取时间和空间,这不是笔者"教坏"企业和企业家的伎俩,而是法律赋予企业和企业家的权利。有效异议在"买卖合同"这一类"企业债"之中的适用很典型,但不仅仅适用于此类,对其他类合同关系依然具有适用的余地和可能,需要富有探索精神的企业和企业家们与法律工作者一起去发现、去尝试。而笔者今此努力,只不过是抛砖引玉而已。

第十二章　平衡的艺术：债务豁免

> 得不到的永远在骚动，被偏爱的都有恃无恐。
> ——《红玫瑰》李焯雄

企业债的规模往往由两部分构成，一部分是债权债务本身，另一部分是债权债务的延伸，即法律意义上的"孳息"，如利息、违约金等。本金属于天然固有的权利，被债权人看作理所当然的主张，而利息、违约金等则是额外之利，债权人总会蠢蠢欲动地追求，作为债务人则永远在尽量地避免，甚至不惜逃之夭夭。以笔者职业生涯接触的案例来看，大多数诉至法院的企业债纠纷，债权债务本身往往并无特别的争议和较真之处，争议重点几乎都在"违约金""利息"等上进行执着主张或强烈对抗。而本章着重讨论的就是这些企业债法定孳息的主张和豁免相关议题。

"权利义务对等"是法律常识，法律也是一门权利义务平衡的艺术。不过，本章为叙述便利需要，将着重以债务人视角讨论法定孳息豁免的相关议题，而作为债权人的主张则反其道而行之即可。需要说明的是，此并非笔者厚此薄彼，也非笔者旨在系统解决"企业债"的初衷动摇。事实上，笔者为系统解决经济下行的"企业债"

问题的初心从未有变,但"结债成网"中白纸黑字的合同却未必恒久不变,已经签字盖章的契约也并非不可更改,对"契约精神"的严守也并不意味着在所有"契约"面前一概缴械投降。这种似乎惊世骇俗的"反契约"言论,绝非笔者的狂妄无知,而是我国成文法体系对"契约自由"的纠偏和矫枉,是国家立法为普罗大众"意思自治"树立起的权利和自由边界。

（1）合同无效,契约得到尊重和完全执行的前提是"契约"本身的合法有效,若企业债务链条中的合同本身效力存在瑕疵,该合同就应该被弃之如敝屣。我国《合同法》第五十二条规范建立"企业债"过程中最严重的情况：（一）一方以欺诈、胁迫的手段订立合同,损害国家利益；（二）恶意串通,损害国家、集体或者第三人利益；（三）以合法形式掩盖非法目的；（四）损害社会公共利益；（五）违反法律、行政法规的强制性规定。此五种情形均被规定为无效的法定事由,当该"企业债"建立的基础即"合同"符合前述法条规定的任一情形时,该合同对双方均不具有法律约束力,合同无效的效力及于债权债务本身以及衍生的孳息。另外,需注意的两个法律概念是合同未成立和合同未生效,在此两种情形之下,企业家的债权债务尚未建立,或处于不确定状态,未来可能有效,也可能无效,此与前述"无效"并不一样。

（2）合同撤销，已经确定成立并有效的合同，其依然不是绝对和天然正义的，我国《合同法》第五十四条及其相关条款规定的情形出现，作为企业仍然可以寻求"合同撤销"来解决不堪重负的债务，只不过这些情形的"恶性"未达到"合同无效"的程度，需要由企业自身决定是否通过司法裁判机关行使"撤销权"。不过，一旦债务企业行使"撤销权"成功，法律溯及签约之初失之效力，相关所谓的"法定孳息"自然也就不存在了。

（3）合同解除，就算合同本身没有任何问题，但不保证合同的约定都得到百分之百的执行，合同签署是一回事，合同履行是另一回事。当合同履行过程中出现特定事由（详见我国《合同法》第九十四条规定的情形），而且企业债务人恰好又处于享有法定解除权的一方，合理利用法定解除事由避免债务规模的扩大乃是明智之举。不过，除了法定解除事由，尚有附条件解除和议定解除两大类情形（详见我国《合同法》第九十三条规定的情形）。无论何种"合同解除"的情形，均应及时地行使解除权，让已履行部分分别处理，未履行部分不再履行，消解债务的法定孳息扩大，以达到避免债务规模扩大的目标。

（4）其他，诸如"合同变更""违约金过高抗辩权"等可以避免债务法定孳息扩大的法律路径，此处不做细论。

本章以及本书的主要目的，在于给予企业和企业家应对"企业债"时的解决思路，但并不能提供量身定制的个性化法律服务，不是不愿，而是笔者见识有限、机缘所限。笔者在完成本书的过程中时常苦恼并自责于：面对汹涌澎湃的债务违约潮，不能找到切实可行的具体解决方法，笔者只能试图帮助企业和企业家建立起应对"企业债"压力的整套方法论。这是一种既痛苦又无奈的妥协，笔者无法深入五花八门的行业研究，也无法贴身情形各异的全部企业考察。但笔者的职业特点又决定了时常联络身处债务压力下的企业和企业家，笔者对"企业债"研究的渴望就像企业家渴求律师提供解决之道一样的强烈。

*附录三　债务豁免

(1) 概念：合同无效

法条依据：
《中华人民共和国合同法》
第五十二条　合同无效的法定情形
有下列情形之一的，合同无效：
(一) 一方以欺诈、胁迫的手段订立合同，损害国家利益；
(二) 恶意串通，损害国家、集体或者第三人利益；

（三）以合法形式掩盖非法目的；

（四）损害社会公共利益；

（五）违反法律、行政法规的强制性规定。

第五十三条　合同免责条款的无效　合同中的下列免责条款无效：

（一）造成对方人身伤害的；

（二）因故意或者重大过失造成对方财产损失的。

实证案例：

玉溪市红塔区人民法院民事判决书（2019）云0402民初4543号。

判决摘编：

2017年5月，A公司（以下简称被告1）以包工包料方式承包了云南省玉溪市红塔区法冲5组光头村统规联建新村建设项目主体工程、装修工程施工；2018年3月，被告1与杨某华（以下简称被告2）签订《建设工程施工劳务施工合同》，被告1将所承包工程中的大部分分包给被告2施工（分包工程为图纸范围内除水电、室内墙地砖、防水、外墙涂料及栏杆外的所有内容）；2018年4月，被告2与苏某荣（以下简称原告）签订《建设工程劳务承包合同》，被告2又将自己承包工程中的一部分再分包给原告（分包内容为基础毛石砼圈梁垫层浇筑包含-0.000地坪浇筑及0.000土墙浇筑、柱子浇筑），并由原告自备搅拌机（含投料机械）、混凝土输送设备、振动棒、施工电缆线等。2018年5月12日，被告2与原告进行了工程结算，原告完成的工程总价款为429,640元，扣除预付工程款326,524元，被告2实际尚欠原告工程款103,116元，承诺分别于2018年7月30日、同年9月30日、2019年1月30日分三次付清。另经双方同日结算，被告2还欠原告节点外工程款20,330元，以上共计123,446元，被告2至今未支付原告。

被告2于2018年5月11日收到过被告1支付的工程款147,841.72元，该款额出自2018年5月9日制作的名称为"预付被告2工程量75%付"的清单。2018年8月16日，由李某春（被告1工程负责人）代被告1与被告2签下《调解协议书》，明确被告2在洛河乡法冲5组承包的工程施工项目尚未完工，为解决被告2支付工人工资困难，双方达成以下协议：……4. 以此为界，后期工程进度款由甲方（被告1）按工程进度分期支付给乙方（被告2）……；5. 工程施工完工后，经结算剩余的工程尾款由甲方付给乙方，并由甲方监督乙方付清所有各班组的拖欠工资……。

后因工程结算事由，原告将被告1和被告2诉至法院，请求两被告连带支付原告工程款123,446元及资金占用费3,909元（按年利率4.75%计算支付自2019年1月30日至2019年9月30日止）。另查，被告2与原告均无相应的工程施工资质。

法院经审理后认为,《中华人民共和国合同法》第五十二条规定:有下列情形之一的,合同无效:……(五)违反法律、行政法规的强制性规定。最高人民法院《关于审理建设工程施工合同纠纷案件适用法律问题的解释》第一条第(一)项规定:建设工程施工合同具有下列情形之一的,应当根据合同法第五十二条第(五)项的规定,认定无效:(一)承包人未取得建筑施工企业资质或者超越资质等级的;……;第二条规定:建设工程施工合同无效,但建设工程经竣工验收合格,承包人请求参照合同约定支付工程价款的,应予支持。本案中,被告1、被告2与原告之间属工程层层分包关系,被告1与被告2签订的《建设工程施工劳务施工合同》、被告2与原告签订的《建设工程劳务承包合同》实为工程建设合同,被告2及原告作为自然人,均无相关施工资质,故其二人分别所签上述两个合同因违反法律的强制性规定而应认定无效,无效合同自始无效,对双方均无约束力,但鉴于原告所承包的工程各方均未提出质量问题,且作为原告合同相对方的被告2也已与其进行过结算,故对其要求支付的工程款应予支持,**但其要求的资金占用费因合同无效不予支持**。被告2认为与原告结算系被迫、原告节点外工程未完成的主张无证据证实,法院不予支持;被告1认为其对被告2的工程款总结算已完成并已付清、在本案中不应再承担支付责任的主张无充分证据证实，且在其主张已付工程款 147,841.72 元之后的 8 月 16 日，其与被告 2 达成的《调解协议书》能反映双方工程分包关系并未结束，故本案中被告 1 应在欠付被告 2 工程款范围内承担补充支付责任。

综上，对原告诉讼请求符合法律和事实的部分予以支持，不符部分予以驳回。依照《中华人民共和国合同法》第五十二条第（五）项，最高人民法院《关于审理建设工程施工合同纠纷案件适用法律问题的解释》第一条、第二条、第二十六第二款及《中华人民共和国民事诉讼法》第六十四条之规定，判决如下：被告 2 支付原告工程款 123,446 元；由被告 1 在欠付被告 2 的工程款范围内对上述第一项工程款承担支付责任；驳回原告的其他诉讼请求。

案例点评：

在建筑施工领域层层分包已成为业内见惯不怪的现象，这种建筑施工同行业内"债务链条"越拉越长，从有实力、有资质的承包商，一层层分包给下游不同的施工主体，甚至像本案原告和被告 2 一样的个人也能成为分包合同的签约主体。这种屡见不鲜的业内事例为何如此长期存在，这恐怕需要企业家或经济学家给出答案，不过层层分包的事例不被法律认可，已被许多法律判例证实，恰如本案！被告 1 是实力承包商，其有资质、有能力实施涉案建筑工程施工项目，而本案被告 2 和原告实为自然人，当然不具备建筑工程施工资质，本案审判法院结合法律规定认定其分别签署的两份合同均属无效。本案给建筑施工行业风险的提示意义自不待言，笔者关注并赞赏的是：合同无效后，本案原告诉称的所谓"资金占用费"，这一债务衍生的额外费用，法院明确表示不予支持。这与本书本章所谓的"债务豁免"主题不谋而合，即主债务应清偿，附随衍生而出的其他"孳息"，在"企业债"基础合同被认定无效情况之下，同时也会被法院判令"豁免"。虽然，主债务附随衍生的"孳息"在金额上也许较少，但通过合法的途径主张，依然可以让"企业债"规模不增加、不扩大，笔者认为此依然具有非常现实的意义。本书前面不同的章节，从不同的角度表达了同样的看法：在经济下行压力之下，企业债的存在本身并不可怕，也不危险，因为企业债是维系企业发展和进步的必要代价，只有企业债的规模太大，与企业的发展不匹配，形成企业债压力，进而"结债成网"时，才是危险的！因此，笔者在本书中一直碎碎念的核心就是控制企业债规模，而不是控制企业债本身。而企业债规模控制的核心，就是实现企业债附随衍生"孳息"的卸包袱。无疑，类似本案事例，不同行业的企业，均可采用本案了思路，充分运用我国《合同法》第五十二条规定所赋予的各项法律权利，以及诸多权利带来的智慧，删繁就简，去应对"企业债"规模的增加，这就是本案的全部价值和意义。

(2) 概念：合同撤销

法条依据：

《中华人民共和国合同法》

第五十四条　可撤销合同　下列合同，当事人一方有权请求人民法院或者仲裁机构变更或者撤销：（一）因重大误解订立的；（二）在订立合同时显失公平的。一方以欺诈、胁迫的手段或者乘人之危，使对方在违背真实意思的情况下订立的合同，受损害方有权请求人民法院或者仲裁机构变更或者撤销。当事人请求变更的，人民法院或者仲裁机构不得撤销。

第五十五条　撤销权的消灭　有下列情形之一的，撤销权消灭：（一）具有撤销权的当事人自知道或者应当知道撤销事由之日起一年内没有行使撤销权；（二）具有撤销权的当事人知道撤销事由后明确表示或者以自己的行为放弃撤销权。

实证案例：

湖北省来凤县人民法院民事判决书（2019）鄂 2827 民初 1476 号。

判决摘编：

2018 年 11 月 14 日，田某龙（以下简称与原告）因家庭用车需要，在 A 公司（以下简称被告 1）处以按揭贷款方式购买了一辆北汽 Q7 自动精英版昌河汽车，双方签订了汽车销售合同。合同约定，车辆净价 106,900 元；选装件：坐垫、脚垫、侧后膜、油卡 1,000 元；备注：贷款 7 万元，24 期，月供 2,916.6 元。同日，原告向被告 1 支付了定金 2,000 元。2018 年 11 月 23 日，双方约定购车总价款为 125,000 元，由被告 1 负责为原告上牌、购买车辆购置税、车辆保险等，同日，原告向被告 1 支付了购车首付款 53,000 元，另外 7 万元贷款由原告与 B 公司（以下简称被告 2）签订了贷款合同，由原告每月向银行支付 2,916.67 元按揭款项。2019 年 3 月 18 日，被告 1 以给原告的新车上牌为由，将原告的新车开走，并为其承租了一辆东风本田 CRV 越野车使使用，随即原告的北汽昌河 Q7 越野车被开往被告 2 的 4S 店。2019 年 4 月 29 日，租车公司将东风本田 CRV 越野车开走。原告发现车辆不见后，原告找到被告 1 的负责人王某，王某承诺在 2019 年 5 月 10 日为原告办理好其购买的北汽昌河 Q7 交车上户手续，若逾期超过 5 月 20 日未办理好，承诺人愿意为原告退还首付款和已支付车贷或者更换同等价位的车辆，被告 2 承担担保义务和责任，承诺人在承诺书上签字捺手印，被告 2 在担保人处加盖公章。2019 年 5 月 20 日到期后，被告 1、被告 2 均未按照承诺履行义务，原告因而诉至法院。

另查明，被告 1 与被告 2 系上下级代理商关系，被告 2 系北汽昌河汽车一级代理商，而被告 1 系北汽昌河汽车二级代理商，双方在业务上有着紧密联系。

2019 年 7 月 23 日，法院通知原、被告双方进行调解，被告 1 法定代表人王某参与了调解，并达成了调解协议，但被告 2 的法定代表人曾某经法院多次电话联系以及派员到其公司，均拒绝会面，导致该调解协议最终未能生效。

2019 年 9 月 20 日，法院以书面通知形式责令各被告限期内向法院提交原告车辆合格证原件、机动车销售统一发票原件。收到法院通知后，被告 1 辩称，上述原件均在被告 2 处，且车辆也在被告 2 处，所以无法提供；被告 2 未回复。

2019 年 10 月 16 日，法院再次组织双方调解，被告 1 的法定代表人王某参与了调解，明确表示该自己承担的责任愿意承担，但是被告 1 没有占有车辆，无法交付车辆，相关凭证也不在被告 1 处，最后请求宽限时间至 2019 年 10 月 30 日，自己再努力找一找被告 2 协调此事，原告表示同意。

法院认为，依法成立的合同，自成立时生效。原告与被告 1 于 2018 年 11 月 14 日签订的汽车销售合同及被告 1、被告 2 向原告出具的承诺书，均系双方真实意思表示，且不违反法律、行政法规强制性规定，属合法有效的合同，双方均应按照合同约定全面履行各自义务，但被告1、被告2均多次违约，致使原告合同目的无法实现，继而引发诉讼。法院经审理归纳如下争议焦点：被告1、被告2在与原告买卖关系中，是否存在欺诈行为？原告的损失如何确定？原告请求返还驾驶证（C1）、身份证、邮政银行卡、建设银行卡、平安银行信用卡、社保卡和建设工程所购买的建筑材料发票、记账本、钱包等所有原件和物品的理由是否能够成立？

针对上述争议焦点，法院分别认定如下：被告1与原告订立汽车销售合同之初，被告1交付了车辆，原告按照合同约定支付了全部购车款，双方均按照约定履行了主要义务。按照交易习惯，被告1应当按照双方的约定，随车交付车辆合格证、车辆购置税发票等相关凭证，被告2通过承诺的方式对车辆上户承担担保义务，但二被告至今未履约，而且以车辆上牌为由，将已属于原告所有的车辆占为己有。诉讼中，法院多次以电话、书面形式通知被告2，但是该公司法定代表人曾某拒接电话、拒绝会面解决纠纷，且直至宽限期2019年10月30日，法院仍未得到任何回复。被告2的上述行为已构成恶意侵占消费者合法财产，严重侵害了消费者的合法权益，其行为属于骗取消费者价款而不按照约定提供商品，按照《中华人民共和国消费者权益保护法》及《侵害消费者权益行为处罚办法》的规定，已构成欺诈。被告1虽然积极参与调解，但也同时实施了共同侵权行为，协助被告 2 将原告的车辆开走，事后未能采取有效措施取回车辆，且两公司存在业务上的紧密联系，二被告应当承担连带责任。根据《中华人民共和国合同法》第五十四条规定："下列合同，当事人一方有权请求人民法院或者仲裁机构变更或者撤销：（一）因重大误解订立的；（二）在订立合同时显失公平的。一方以欺诈、胁迫的手段或者乘人之危，使对方在违背真实意思的情况下订立的合同，受损害方有权请求人民法院或者仲裁机构变更或者撤销。"故原告以订立合同受到欺诈为由请求撤销双方签订的汽车销售合同以及承诺书的理由成立，法院依法予以支持。根据《中华人民共和国合同法》第五十八条规定："合同无效或者被撤销后，因该合同取得的财产，应当予以返还；不能返还或者没有必要返还的，应当折价补偿。有过错的一方应当赔偿对方因此所受到的损失，双方都有过错的，应当各自承担相应的责任。"本案中，原告作为消费者，全面履行了合同义务，没有任何过错，其向被告 1、被告 2 支付的购车款，在汽车销售合同被依法撤销后，被告 1、被告 2 应当返还全部购车价款，诉讼中，原告诉称已支付购车款 127,000 元，但其提交的证据显示购车款应当为 125,000 元，故被告 1、被告 2 应当返还原告的购车价款应为 125,000 元。关于原告损失的确定，虽然合同中没有约定，但原告在本案中自始至终没有过错，且因本案而聘请了来凤县凤翔法律服务所法律工作者赵某鹏为其代理参加诉讼，支付了 15,000 元代理费，并向法院提供了代理费发票原件，原告因二被告违约遭受的此项损失，法院依法予以支持。原告请求按照每天 200 元的租车标准赔偿其所遭受的租车损失，因没有提交相关证据证实，法院依法不予支持。法院认为其损失应当自承诺书承诺的最后期限的第二天即从 2019 年 5 月 21 日起，按照年利率 6% 赔偿资金占用期间的利息损失为宜。从法院庭审查明的事实看，原告请求返还的驾驶证（C1）、身份证、邮政银行卡、建设银行卡、平安银行信用卡、社保卡和建设工程所购买的建筑材料发票、记账本、钱包等所有原件和物品不是二被告占有，也不是二被告指定他人占有，其请求法院依法不予支持。

综上所述，依照《中华人民共和国合同法》第五十四条、第五十八条，《中华人民共和国消费者权益保护法》第五十五条，《侵害消费者权益行为处罚办法》第五条，《中华人民共和国民法总则》第一百五十七条，《中华人民共和国物权法》第三十四条，《中华人民共和国民事诉讼法》第六十四条、第一百四十二条之规定，法院判决如下：撤销原告与被告 1 于 2018 年 11 月 14 日签订的《汽车销售合同》以及 2019 年 4 月 30 日被告 1、被告 2 出具的《承诺书》。被告 1 与被告 2 连带返还原告原告购车款 125,000 元，并从 2019 年 5 月 21 日起，按照年利率 6% 支付资金占用期间的债务利息。被告 1 与被告

2 连带赔偿原告代理费 15,000 元。

案例点评：

本案不是典型的"企业债"纠纷，但却是典型的"撤销权"正确行使的案例。笔者援引此案的主要目的，是想告诉企业和企业家们，已经签署并生效的合同，也并不是权利义务的绝对确定。面对纷繁复杂的大千世界，签署的合同也会因为某些特殊原因而归于"失去效力"。企业和企业家们应该重视合同契约的重要性，但更应该重视合同契约的合法性与实际履约。尤其是合同"合法性"是很容易被忽略的，至于原因，笔者猜测大概来源于对"契约自由"的迷信，认为只要是市场主体之间自愿签署的合同，就当然正确。但是，诸如本案类似被撤销合同的情况，在司法实践中时常发生，之所以没有引起重视和注意，是因为未被撤销的合同存量，远远超过被撤销的数量，让被撤销的合同案例淹没在无可尽数的合同之中。那些未被撤销的合同是常态，不是本书要讨论的重点，笔者要讨论的是这些被撤销的合同以及原因。比如因重大误解订立的合同，再比如在订立合同时显失公平的合同，还有一方以欺诈、胁迫的手段或乘人之危，使对方在违背真实意思的情况下签订的合同，这些都是可以被撤销的合同。说是可撤销的合同，但并不意味着绝对会被撤销，该类合同的最终命运取决于拥有"撤销权"人的想法，比如本案原告完全可以诉请不撤销合同，诉请继续履行合同，毕竟车辆不是独一无二的商品。但撤销权一旦行使，上溯至合同成立之时的效力消灭，也即涉案合同自始没有法律约束力。被撤销的合同与无效合同的法律效果是一样的，有关企业债如何实现豁免，已在前述实证案例——玉溪市红塔区人民法院民事判决书（2019）云 0402 民初 4543 号之案例点评中分析过了，不再赘述。

（3）概念：合同解除

法条依据：
《中华人民共和国合同法》

第九十三条　合同约定解除　当事人协商一致，可以解除合同。当事人可以约定一方解除合同的条件。解除合同的条件成就时，解除权人可以解除合同。

第九十四条　合同的法定解除　有下列情形之一的，当事人可以解除合同：

（一）因不可抗力致使不能实现合同目的；

（二）在履行期限届满之前，当事人一方明确表示或者以自己的行为表明不履行主要债务；

（三）当事人一方迟延履行主要债务，经催告后在合理期限内仍未履行；

（四）当事人一方迟延履行债务或者有其他违约行为致使不能实现合同目的；

（五）法律规定的其他情形。

第九十五条　解除权消灭　法律规定或者当事人约定解除权行使期限，期限届满当事人不行使的，该权利消灭。法律没有规定或者当事人没有约定解除权行使期限，经对方催告后在合理期限内不行使的，该权利消灭。

第九十六条　解除权的行使　当事人一方依照本法第九十三条第二款、第九十四条的规定主张解除合同的，应当通知对方。合同自通知到达对方时解除。对方有异议的，可以请求人民法院或者仲裁机构确认解除合同的效力。法律、行政法规规定解除合同应当办理批准、登记等手续的，依照其规定。

第九十七条　解除的效力　合同解除后，尚未履行的，终止履行；已经履行的，根据履行情况和合同性质，当事人可以要求恢复原状、采取其他补救措施，并有权要求赔偿损失。

实证案例：

大连市中级人民法院民事判决书（2019）辽 02 民终 8228 号。

判决摘编：

2002 年 9 月 28 日，大连某大学（以下简称原告）、被告大连 A 集团有限公司（以下简称被告）双方签订《关于合作创办大连某大学城市学院协议书》约定：双方合作创办城市学院，原告以其校名、校誉及教育教学管理经验等无形资产为合作条件，并全面负责城市学院的办学，确定办学方向，专业设置，招生计划、教学计划、教学大纲，制定教学管理、学生管理办法，颁发毕业证书及授予学位等；被告以提供创办经费及校园、校舍及教学、生活设施为合作条件，并负责城市学院的基本建设及有关设施的建设和维护等。第一期投入土地140亩，建筑面积8万平方米，投资2亿元；第二期投入土地160亩，建筑面积4万平方米，投资1.8亿元。办学剩余资金，按原告40%、被告60%分配。合作期限20年，自2003年5开始。城市学院资产按如下规定分配：被告对城市学院的资产投入全部归被告所有；城市学院投入资产按原告40%、被告60%分配。2005年5月9日，原、被告双方签订《补充协议》，约定：自2005年9月1日起，城市学院全部在校学生（含成人教育学生）的住宿费划归被告所有，不再作为城市学院的收入进入学院年度经费预算收入之中。自2005年9月1日起，城市学院全部学生宿舍、食堂及其相关收入和支出，包括设备和设施、日常维修和维护、卫生保洁、水、电、气、暖、人员费用等相关费用，完全由被告负责。另，被告投资建设的校园、校舍及教学、生活设施均登记在被告名下，未登记在城市学院名下。2013年10月31日，铁岭市中级人民法院作出（2011）铁执字第00047号《执行裁定书》，裁定将被告所有的大开国用（2003）字第 474 号、大开国用（2004）字 0625 号土地的使用权及位于大连金州新区在建房屋的所有权；被执行人大连松源粮油加工仓储有限公司所有的大开国用（2004）字 0374 号土地的使用权及位于大连金州新区房屋的所有权；被执行人大连经济技术开发区松源运输有限公司所有的大开国用（2002）字 046 号土地的使用权及位于大连金州新区房屋的所有权，以及在上述被执行人所有的土地上所建构筑物及其他辅助设备等，以流拍价 8.62 亿元，交付给申请执行人中国农业发展银行大连市金州区支行抵偿欠款。上述抵债土地的使用权，房屋、构筑物及其他辅助设备等的所有权自裁定送达申请执行人中国农业发展银行大连市金州区支行时发生转移；申请执行人中国农业发展银行大连市金州区支行持该裁定书到有关机构办理相关产权过户登记手续。上述土地、房屋、构筑物及其他辅助设备等均用于城市学院合作办学使用。2018 年 9 月 17 日，被告与案外人 B 公司签订《大连某大学城市学院合作方变更协议书》约定，2013 年 10 月因被告原因，决定终止与原告合作办学事宜，不再参与举办城市学院的合作办学事宜，退出合作办学。案外人 B 公司同意与原告合作举办城市学院；被告配合 B 公司按有关规定程序，共同申请上级主管部门，完成合作方变更工作。B 公司向被告支付赞助费人民币 300 万元，被告在收到上述赞助费后，配合 B 公司按相关规定程序，完成合作方变更工作。2019 年 8 月 9 日，原告向被告邮寄《关于解除〈关于合作创办大连理工大学城市学院协议书〉及〈合作办学补充协议〉的通知函》，载明：因被告资产已被法院处置，被告已失去继续履行《协议书》及《补充协议》进行合作办学的物质基础，并且无法负担相关办学费用，故通知被告解除双方签订的《协议书》及《补充协议》。该通知函被告于 2019 年 8 月 13 日签收。原告遂因相关事宜无法与被告达成一致意见，诉至法院解决。

一审法院审理后认为，原、被告签订的《协议书》及《补充协议》系双方当事人之间的真实意思表示，其内容未违反法律、法规的强制性规定，认定其合法、有效，双方当事人均应按照约定履行各自的义务。被告的合同义务是负责提供创办经费及校园、校舍及教学、生活设施，负责城市学院的基本建设及有关设施的建设和维护等，负责自 2005 年 9 月 1 日起，城市学院全部学生宿舍、食堂及其相关收入和支出，包括设备和设施、日常维修和维护、卫生保洁、水、电、气、暖、人员费用等相关费用。但因被告原因，被告作为出资的校园、校舍及教学、生活设施被铁岭市中级人民法院裁定抵债给中国农业发展银行大连市金州区支行，且被告自 2013 年 10 月因其自身原因未再参与举办城市学院合作办学事宜，在 2018 年又将合同的权利义务转让给案外人 B 公司，被告的行为符合《中华人民共和国合同法》第九十四条第（二）项"在履行期限届满之前，当事人一方明确表示或者以自己的行为表明不履行主要债务"及第（四）项"当事人一方迟延履行债务或者其他违约行为致使不能实现合同目的"的规定情形，构成根本违约，原告有权要求解除合同。关于被告辩称的原告未针对铁岭市中级人民法院（2011）铁执字第 00047 号《执行裁定书》提出第三人执行异议申请存在重大过错一节，一审法院认为，被告未经原告同意情况下将双方合作办学的校园、校舍及教学、生活设施抵押给银行，致使其出资被法院裁定抵给银行，被告应当承担全部的违约责任，原告没有提起第三人执行异议的申请并不是导致合同解除的原因，被告无权以此主张原告违约，况且原告庭审中已说明其已向铁岭市中级人民法院提出了书面执行异议申请，法院未予采纳，故被告的该项答辩意见于法无据，不予采纳。关于被告与 B 公司另行签订合作办学协议构成重大违约一节，一审法院认为，被告已经以实际行动表明其不再与原告继续履行合同。原告于 2019 年 8 月 9 日向被告邮寄了解除合同通知函，被告已于 2019 年 8 月 13 日签收，故原、被告双方签订的《协议书》及《补充协议》于 2019 年 8 月 13 日解除。判决：原告与被告于 2002 年 9 月 28 日签订的《关于合作创办大连某大学城市学院协议书》及于2005年5月9日签订的《合作办学补充协议》于2019年8月13日解除。一审判决后,被告不服,上诉至辽宁省中级人民法院。

二审期间,双方当事人均未提供新证据。一审法院查明的事实属实,二审法院予以确认。在事实基础之上,二审法院认为:被告在其于2018年9月17日与案外人B公司所签订的《大连某大学城市学院合作方变更协议书》中明确记载:2013年10月因被告原因,决定终止与原告合作办学事宜,不再参与举办城市学院的合作办学事宜,退出合作办学。原、被告双方合作办学而投资建设的校园、校舍及教学、生活设施均登记在被告名下,被告为进行银行贷款而将前述财产进行抵押等则是导致案涉财产被相关法院强制执行的根本原因。在相关法院对案涉财产的强制执行过程中,原告作为与被告的合作方虽然依法享有提起执行异议的权利,但该权利并不能因其与被告的合作办学而转化为原告的法定义务,至于原告是否提出、如何提出执行异议则是其行为自由,被告无权要求原告必须提出或者以特定的方式提起执行异议。据此,被告关于原告未提出执行异议而构成重大违约的主张没有事实和法律依据。综合上述情况,一审法院认定上诉人的行为符合《中华人民共和国合同法》第九十四条第(二)项、第(四)项所规定的情形,构成根本违约,并支持被上诉人请求解除合同的诉讼请求并无不当。

最终判决：驳回上诉，维持原判决。

案例点评：

本案是一个典型的行使解除权的案例。简单归纳总结案情，即是：一所大学和一家企业合作办学，大学负责教学、品牌影响等软件投入，企业负责场地等硬件投入，但在后续合作合同履行中，企业负责的硬件投入被另案处理，且企业与案外人又概括转让了合作协议中的权利义务，涉案企业已明确表明不再履行与大学的合作协议。在涉案企业丧失合作物质条件，且表明不再继续合作，即没有合作物质基础也没有合作意愿前提下，大学果断行使了法定解除权，解除了与涉案企业的合作合同关系，故此，成诉。有意思的是，本案所涉合同及协议书，经一、二审两级法院确认合法有效，但一、二审两级法院又同时确认解除合法，这多少有点不可思议，为何完美签署的合同，不能完美地履行完毕，而法院竟然还支持这种中途解约？笔者认为，答案就在于本案原告合理行使了我国《合同法》第九十四条所赋予的"法定解除权"。本案以实证案例方式向企业家昭示：合同的签署，只是"企业债"建立的开始，合同的效力以及履行将仍然是不确定性的事项。这多少有点类似恋爱和婚姻的情形，结婚是恋爱的结果，却只是婚姻的开始，结婚本身只能证明恋爱的善终，却不能保证婚姻的幸福，更不能保证婚姻的持续，以至"白头到老"。完美签署的合同事项，得以完美执行落地，以至履行完毕，此间仍需付出太多的努力，甚至努力也不一定有效果，比如本案的被告大连 A 集团有限公司。笔者相信本案被告大连 A 集团有限公司的努力，绝对不会限于案件披露的上诉理由所涵盖的事项，或许案件之外的努力更多，但无论如何，这些努力最终并未获得法院的同情和认可。不过，笔者对本案的判决却高度认可，对本案原告大连某大学处理"企业债"的方式更是高度认可。因为，本案原告不仅聪明智慧地行使了自身权利，也以身作则地为其他企业树立了处理"企业债"的典范。处于类似本案原告一样处境的企业，为了规避自身可能遭遇的商业风险，在握有合法解除权时，应该积极行使，而不是束之高阁。解除权的行使，让不具有经济学效率的"企业债"寿终正寝地早日结束，不仅有利于企业自身避免"企业债"规模的扩大，也能使交易对手早日认清现实，避免不必要的投入，从而及时止损，让社会本就有限的资源，投入到更有效率的其他途径中去。如此，行使解除权，不仅是对解除权企业自身的有益，也有益于交易对手、社会整体福祉。

第十三章　异化的企业法人制度：公司债务还是股东债务

现代社会最伟大的发明就是有限责任公司！即使蒸汽机和电气的发明也略逊一筹。

——尼古拉斯·巴特勒

开门见山地说，公司股东有限责任制度的虚化，是市场经济最大危险源。前面所有章节我们讨论的"企业债"都是严格意义上的公司债务（公司是企业法人最主要的形式，以下为行文便利混用），但现实经济生活中，企业债和企业家债几乎没有明显的区分。比如银行贷款，没有企业家的个人连带担保几乎取得不了银行贷款。另外，自2008年起，曾让企业和企业家痛苦且已经唾弃许久的"联保联贷"式的企业间连带债务，何曾片刻间断？除了这些银企之间、企业与企业或个人之间的债权融资，还有投资圈盛行的股权融资中的"对赌协议"——即便不好赌的企业家，也不得不赌，否则将与渴求许久的资金失之交臂。细观当前金融市场中的各类债权或股权融资方案，大多数都把"企业债"和"企业家债"捆绑在一起。至此，从业许久的金融行业精英们，请扪心自问：有多少融资案例是纯粹的企业行为而完全没有染指企业家？甚至正常的经营性企业债，企业家都会或多或少地卷入其中，无法独善其身，这是令企业家泣血的现实。

当公司制度徒有其表而无其实质法律内容时，一切社会经济活动又会回到不被保护、肆意裸奔的封建社会下的"小农经济"，一个国家社会对公司法人和公司股东财产隔离法律制度坚守的量级，和这个国家社会的经济发展量级是等量齐观的。笔者深信，处于"小农经济"下的个人组建而成的经济体，不可能培育出健全完善的市场经济。公司不仅仅是一种组织，也是一种保护，保护脆弱的经济个体共同抵御不可测的市场风险；公司是一种有效的组合，其效果远远大于简单的人员叠加；公司是一堵防火墙，让墙内的股东以出资额为限承担可以承受的损失，防止无法承受的风险出现；公司是一种无比有效的激励机制，激励着一切心怀梦想的勇者开拓无数未知的领域，带领整个人类和社会进步。不过，市场发展的风雨总是会见缝插针般地穿透原本厚实的"公司"之墙，刀风剑雨般刺在个人（企业家）的身上，把企业家作为市场主体置于风险之中，放置于惊涛骇浪之中漂泊。近年来，有许多的企业家因为企业破产、倒闭，而自身被连累变成"老赖"，甚至被刑事追责而身陷囹圄。需要强调的是，笔者无意质疑生效判决的法律既定力，也无意为触犯刑律的企业家翻案，只是类似案例太多时，笔者认为需要以经济和法律双视角进行反思和讨论。

把企业和企业家捆绑在一起的创想,往往被误以为是聪明绝顶的发明创造,其实是最大的反市场经济思维。一切只看人,而不看公司这一特定经济组织的所谓"智者",都是十恶不赦公然地对市场经济的犯罪,他们破坏了"市场经济"最核心、最基本的主体和财富。尤其是那些道貌岸然的银行家、自以为是的投资家,他们基于风险厌恶而指向企业家的箭矢,正在摧毁整个市场经济的基石,他们每个穿透要求企业家担保的合同都是无情的剥削,都是赤裸裸的不信任,是对公司法人制度的视而不见。久而久之,当对市场经济的"倒行逆施"被视为聪明和智慧,公司反而越来越不受待见,已经被穿透歧视的企业家们,也心照不宣地把"公司"反向作为逃避应付债务的工具,公司完全沦为施行不道德行为的工具,市场中的交易对手越发不信任公司,而越发重视公司背后的企业家,这就是恶性循环的起始。"企业债"积重难返,根源都在于公司法人制度的虚化,因为这不是真正的市场经济,而是"小农经济",至少思维上还停留在"小农经济"。当下许多所谓"企业债"问题,最终无不具体化为企业家个人债务,这是企业债问题难解的原因所在。因为,企业家个人债务无论如何严重,我们国家在法律上仍无"自然人破产法"——媒体报道虽有立法意向,却未见立法法规落地,企业家个人债务只能清偿,甚至很难"转移",直至"死亡"才会债务消灭,这就在无形之中把企业家逼上绝路。而不断加大的法院强制执行力度和失信被执行名单制度,其实并不能从根本上重建社会诚信,相反只会导致"破罐破摔",企业家个人几乎没有甩掉债务"东山再起"的机会。

解决"企业债"以及社会诚信问题,企业债务必须重归企业法人债务,个人债务必须回归企业家个人债务。我国《公司法》第三条所饱含的法律深情,可以也应该成为解决企业债全部问题的前提,让股东有限责任成为企业家的"金钟罩、铁布衫",让股东有限责任融化在行政、司法机关的运作基因里,让股东有限责任的理念与社会大众伦理道德交融一体、不可分割。如此,在相对宽松和良善的环境下,公司自身的"企业债",倘若能够通过融资外来输血或本书方法解决,则是幸事一件。若尝试全部方法后仍不能彻底解决企业债压力,依据我国《破产法》及时宣告进入破产程序,将会是最符合经济发展规律的处置方法。无论是破产重整,还是破解和解,乃至破产清算,都是在法治的轨道上解决"企业债"的问题,至于进入破产程序的企业最终命运归属,那则是市场选择的结果了。如此,至少不会把"企业债"演化为"企业家债"。

倘若"企业债"无论何种原因和理由,转化为"企业家的债",企业法人(公司)和企业家都被列为"失信被执行人"。那么,笔者说企业家将永无出头之日,可能言过其实，但说奋起直追的包袱沉重无比，却是铁一般的事实。这类企业家再次成功概率大大低于其他同业竞争者。如果把"东山再起"的机会都给断绝，且被视为必要惩罚的话，这就是直接判决企业法人和企业家命运前途的"死刑"，只会带来更多的社会问题，不会有期待之中理想状态的"市场经济"。一个完美的市场经济社会，应该允许试错，更应允许犯错后改错，而不是犯错后直接宣判命运的"死刑"。公司作为人类伟大的法律制度发明，行政机关、司法体系以及全体市场参与者都应维护"公司"的最高价值——独立的法律主体资格和股东的有限责任。企业债归企业自身，企业家债归企业家自身。如此，才是"企业债"的名副其实，这也是法律和经济和谐共生至高荣誉的实至名归。

*附录四 公司债务还是股东债务

概念：

股东有限责任

法条依据：

《中华人民共和国公司法》

第三条 公司是企业法人，有独立的法人财产，享有法人财产权。公司以其全部财产对公司的债务承担责任。有限责任公司的股东以其认缴的出资额为限对公司承担责任；股份有限公司的股东以其认购的股份为限对公司承担责任。

实证案例：

安徽省高级人民法院民事判决书（2014）皖民二终字第00725号。

判决摘编：

2005年申某斌（以下简称被告2）注册成立某物流公司（以下简称被告1），公司注册资金100万元。2011年3月23日，姜某彬（以下简称被告3）与被告1签订一份《协议书》，约定：被告1拟在亳州市火车站站后路路北建综合办公楼，因资金困难双方各出资50%用于上述项目的征地及工程建设；上述项目竣工后，双方各享有50%的产权，以后盈利和亏损各占50%；本协议以前被告1的债权及债务仍属于被告1，与被告3无关；如在征地和项目建设中一方资金不能按时到位，甲乙双方按实际出资的比例享有产权及盈利和亏损。2011年5月25日，被告2将50%的被告1股份转让给被告3，双方各占50%的股份，并办理了工商变更登记手续。2011年10月1日，被告3、被告2代表被告1与案外人安徽某鲁班建工有限公司（简称鲁班建工公司）签订《建设工程施工合同》，由鲁班建工公司承建被告1的仓库及车间，工程面积约2,800平方米，造价每平方米1,160元，曹某良

(以下简称原告）挂靠鲁班建工公司名义施工，系工程实际施工人。2012年2月17日，被告2、被告3与原告签订《补充协议》，约定：本协议是内部承包协议，原告为被告1承建的办公综合楼总计暂定2,800平方米，造价每平方米1,160元，付款方式为主体工程垫资，主体工程封顶付100万元，工程验收合格后两个月内，被告2、被告3按二期工程进度款70%支付，总体工程结束付95%，5%作为质量保证金，无工程质量问题一年付清余款。之后，原告以鲁班建工公司的名义垫资为被告1承建案涉工程。其间，被告2、被告3各支付原告50万元工程款。工程即将完工时，因工程建设用地未办理审批手续且施工占用储备用地，2012年7月23日，被告1被亳州市国土资源管理局罚款87,779元，新建的楼房和其他设施被没收。2013年1月5日，亳州市国土资源管理局对被告1非法占用的2,925.97平方米土地公开挂牌出让，被告2又以被告1名义以650万元受让该宗土地建设用地使用权。因被告1欠鲁班建工公司工程款220万元未付，2012年8月9日，原告与被告1、案外人鲁班建工公司三方签订《债权转让协议书》，约定：对被告1欠鲁班建工公司债务220万元，经三方协议无偿转让给原告，被告1同意向原告偿还该笔债务220万元和利息，月息2%，还款期限为自2012年8月9日起至2013年1月9日止。

另，2012年4月2日，被告3与被告2签订《协议书》，被告3自愿退出该项目，由被告2退还被告3投资款和损失费合计235万元，被告2兑现该资金后，被告3不再占有被告1的任何股份等内容。后被告2违约被诉至法院，法院经调解并作出（2013）亳民一初字第00010号民事调解书，但被告2没有按调解书约定的时间履行还款义务，被告3申请该法院强制执行，该法院冻结了被告2在被告1处享有的90%股权。

2014年6月4日，原告诉至法院，请求判令被告1、被告2、被告3支付原告220万元并支付利息。

法院审理后认为：一、关于原告与被告1、案外人鲁班建工公司签订的债权转让协议是否真实问题，法院经审理认定其合法真实性，故可认定被告1欠原告工程款220万元是真实的。二、关于涉案款项系被告1的债务还是被告1与被告3共同债务问题。被告3原系被告1的股东，被告1的办公楼虽系被告3与被告1的共同投资，但被告3已在2012年4月2日与被告1的法定代表人被告2协议退出该工程投资项目，对被告3的投资款，被告2给被告3出具欠条，被告3退出被告1，该案已经法院调解审结。从2012年8月9日原告与被告1、案外人鲁班建工公司三方签订的《债权转让协议书》看，债务人是被告1，债权人是鲁班建工公司，受让人是原告，被告3、被告2不是该《债权转让协议》当事人，且协议明确是"被告1欠鲁班建工公司的债务220万元,经三方协议无偿转让给原告……"故该债务应由被告1承担,原告要求被告3承担该笔债务不能成立,不予支持。另,《中华人民共和国公司法》第三条规定"公司是企业法人,有独立的法人财产,享有法人财产权。公司以其全部财产对公司的债务承担责任。有限责任公司的股东以其认缴的出资额为限对公司承担责任"。本案中,被告1为有限责任公司,实际施工人原告是为被告1承建办公楼,其债权转让协议也是被告1与案外人鲁班建工公司、原告签订的,故应是被告1拖欠原告工程款220万元。根据上述法律规定,股东对公司承担有限责任是指股东以其出资额为限对公司的债务承担责任,对于超过投资额以外的部分,股东不再承担责任。如在成立公司时,股东出资额已全部到位,该出资的财产属于公司所有,公司股东的义务已履行,公司应以自己的财产独立承担责任。被告1成立时注册资金100万元,原告没有证据证明被告2、被告3出资没有到位或在公司成立后有抽逃资金的行为,故原告要求原股东被告2、被告3承担还款责任于法无据。被告1与原告签订的债权转让协议中约定,不按期偿付工程款按月利率2%计算,该约定未超过中国人民银行同期同类贷款利率的四倍,不违反法律规定,故对原告关于被告1偿还欠款并按月利率2%支付自2012年8月9日起至款清之日止的利息请求予以支持。

综上，经法院审判委员会讨论决定，依照《中华人民共和国民事诉讼法》第一百四十四条，《中华人民共和国合同法》第七十九条、第八十条、第八十三条、第八十八条、第八十九条，《中华人民共和国公司法》第三条之规定，判决如下：被告 1 于判决生效之日起 10 日内偿付原告工程款 220 万元及利息。

一审判决后，被告 1 对判决结果不服，依法提出上诉，上诉请求被告 1 和被告 3 各自承担 220 万元及利息的 50%。

二审法院对一审法院查明的事实予以确认。二审法院认为，本案二审争议焦点为：被告 1 是否差欠原告 220 万元债务，被告 3 对该债务应否承担一半的清偿责任。二审法院裁判说理分析认为：被告 1 将涉案工程发包给案外人鲁班建工公司，原告是实际施工人。2012 年 8 月 9 日《债权转让协议》明确约定，案外人鲁班建工公司将被告 1 下欠的 220 万元工程款转让给原告，被告 1 对此亦未提出异议，故原审判决认定被告 1 差欠原告 220 万元正确，二审法院予以确认。至于被告 1、案外人鲁班建工公司是否召开股东会不影响《债权转让协议》的效力。涉案工程虽因违法被没收，被告 1 后通过竞拍取得，但该拍卖竞买行为与被告 1 差欠工程款无关联，更不能免除被告 1 因发包该项目而差欠的工程款。关于被告 3 应否承担一半的清偿责任问题。2011 年 10

月 1 日的《建设施工合同》签约主体是发包人被告 1 和承包人——案外人鲁班建工公司，被告 3 仅在委托代理人栏签字，而非发包主体。2012 年 8 月 9 日《债权转让协议书》主体分别为原告、鲁班建工公司和被告 1，而非被告 3，协议约定鲁班建工公司将债权转让给原告，被告 1 同意向原告支付 220 万元及利息。从《建设施工合同》《债权转让协议书》内容看，本案债务主体为被告 1，而非被告 3。2011 年 3 月 23 日，被告 3 与被告 1 签订协议，约定由被告 3 与被告 1 各出资 50% 承建案涉工程，各享有 50% 产权，盈利和亏损各占 50%，但该约定系被告 1 与被告 3 内部约定，仅对合同相对人具有法律约束力，对债权人鲁班建工公司或原告不具有法律约束力。虽然案涉工程在建设期间，被告 3 系被告 1 股东，但依据《中华人民共和国公司法》第三条规定，公司与股东系相对独立的主体，公司以其全部财产对公司债务承担责任，股东以其出资额对公司承担有限责任，故原审法院依据该规定未支持原告要求被告 3 承担责任的诉请并无不当。被告 1 上诉理由没有法律依据，二审法院不予支持。二审法院依法判决驳回被告 1 的上诉，维持原判。

案例点评：

本案涉及多方主体，为简便理解案件，笔者把案情简单总结为：被告 2 和被告 3 作为自然人，均系被告 1

这一企业法人的股东，各占50%的股份。被告1将涉案建筑施工项目委托给案外人鲁班建筑公司施工，原告系实际施工方，各方签署协议确认被告1欠原告工程款。但涉案工程款因故未付，故诉至法院。一审原告主张被告1、被告2、被告3负有债务清偿责任，但法院依法判决仅企业法人被告1承担债务清偿责任，被告2和被告3作为股东均不负清偿责任，依据就是笔者本章正文所说《中华人民共和国公司法》第三条所确立的股东有限责任原则。一审判决后，企业法人被告1不服所判，提起上诉要求被告3这一自然人股东分担债务清偿责任。二审再次援引《中华人民共和国公司法》第三条维持了原判，驳回了被告1的上诉。从此案整个过程看来，公司股东被两次请求要承担公司债务清偿责任，一审中是"企业债"的债权人要求，二审中是"企业债"的债务人即企业自身。债权人要求承担"企业债"也就罢了，企业竟然也要求自己的曾经股东分担自身"企业债"，由此可见，在我们的经济生活中"企业债"和"股东债"混同是多么具有广泛民意基础。本案一审和二审均将"企业债"和"股东债"定为庭审焦点，两次细致裁判说理予以释明，可见两者混同的"民意基础"是多么根深蒂固！这种根深蒂固的所谓"民意基础"，恰恰被法院裁判证明是不折不扣的"非法误解"。"企业债"就是企业的，"股东债"就是股东的！桥归桥、路归路，大道朝天，企业和企业家各走一边！企业家试图揩油企业、财产混同以致触发"揭开公司面纱"当然是违法，企业试图让企业家分担"企业债"也是非法的设想。企业和企业家利益交融，但彼此独立，谨愿企业和企业家各自安好。

第十四章 未知的世界：其他方法

坚持下去，并不是我们真的足够坚强，而是我们别无选择。
　　　　　　　　　　　　　　——丘吉尔

所有的风险都具有不确定性，而不确定性填满整个世界。即便如此，人们也别无选择地生活在这个充满风险的世界里。人们对风险厌恶根源于对不确定性的未知，即人们无法提前判断行为后果这一多样性中的唯一确定性后果。于是，为了充分规避风险，人们必须对自身所处"世界"认识的边界不断拓展，对所有的不确定性充分认识，在所有的不确定性之中寻找确定性，这就是解决"企业债"其他方法讨论的哲学前提。在前面章节我们已经按照常识和经验，分享了足够多的思想和方法去应对或解决"企业债"的种种问题。但"企业债"是一个风险系数高、危害大的事项，我们需对其未知属性做最充分考量，且为其提供其他更有效的解决思路和方向，才足以应对"企业债"的复杂性。在笔者有限的经验和认知里，将会尽可能展现应对"企业债"的思路和愿望。以此作为突破性尝试，虽然实践中不乏类似的成功先例，笔者仍不揣简陋，抛千砖而引万玉。

（1）债转股。本书全部有关"企业债"的陈述，都是有别于金融市场中公开发行的特定概念下"企业债",本书中的"企业债"往往包含企业的债权和企业的债务两个方面,但经常会偏指"企业债务"。金融市场是一个充满智慧的世界,期间很多方法可以借来解决本书所谓"企业债"的困境。比如,企业未实现的债权可以作为"资本"出资设立或参股一家公司,及时把未实现的"企业债权"变为实实在在的企业股权。企业债务人陷入困境,但企业自身发展前景尚好,这时债权人和债务人可以讨论将企业的债务转化为"股权",企业摆脱了债务压力,债权人在企业困境中用无法变现的债权"逢低置换"成富有前景的企业股权,也不失为美事一桩。

(2) 金融机构代清偿。凡事皆有成本,如果成本可控,且可以解决企业债务压力,金融各项融资工具不妨一试,以清偿到期债务。需要注意和避免的是,代清偿只能是临时救急,不可作为常态解决债务压力的方案,否则无异于"饮鸩止渴"。

(3) 申请破产保护。破产是一个所有企业家唯恐避之不及的事项,甚至不愿轻易提及。但法律意义上的破产程序,绝对不是日常观念上的企业失败倒闭,而是一种有效的救助保护措施。破产清算只是其中之一最坏的结果,破产重整和破产和解都是富有价值可以进行"绝地反击"的机会,是真正的"置死地而后生"。况且,一旦企业进入法定破产程序,一切债务追讨将会停止,包括已经进入法院诉讼或执行程序的案件也将中止，企业将会获得喘息的机会，也会从企业债压力下解脱出来。企业从"废墟"走向"辉煌"虽是小概率事件，但机会本身就弥足珍贵，还有什么能比让企业重新轻装上阵再出发更重要的事呢？

前文书写"抛砖引玉"以量化词语时，让笔者颇为烧脑，不知杀死了多少脑细胞。原因在于，本章讨论的既然是未知世界其他方法，那就必定是开放式的、无边界的讨论，笔者总是担心自己所思所虑太过于狭窄，以至于束缚了其他解决"企业债"的思路和方法，那就罪莫大焉！故而，多抛砖，引更多的玉吧！但是，这绝不是笔者推卸责任的借口，探求解决"企业债"的漫长道路远未结束，孜孜以求、疲而不倦将会是笔者的精神追求。除此之外，若有其他更重要、更有实质意义的事，也许就是企业家的"韧性坚持"精神了。任何一个企业的创立，企业家就带领企业进入了一个充满残酷竞争的赛道，每个企业和企业家都在玩命奔跑、追赶，这本身就是一场淘汰赛，不是一场计时测速赛。恰如丘吉尔的名言，企业和企业家的坚持，不是因为强大，而是别无选择！

第十五章　常伴左右：润物无声的事前防范

凡事预则立，不预则废。

——《礼记·中庸》

在企业家与"企业债"缠斗的历史里，富有智慧的律师从未缺席，只是惯常律师仅仅出现在个案诉讼的战斗里，抑或企业家被"企业债"击倒在地、一地鸡毛时出来收拾残局。而律师参与的结果，往往胜败皆有，就算在律师帮助下侥幸扳回一局、挽回一城，企业家也会遍体鳞伤。更何况面对病入膏肓的企业时，就算从业经验丰富的律师也时常回天乏力。不过在此种情况下，企业家往往对律师心怀不满，甚至含沙射影地指责司法机关枉法裁判，乃至开始怀疑法律的公正性。每当此时，笔者往往不顾失去案源的风险，硬怼一句：这都是怨妇一般的迁怒！

恰如本书前面章节所述，企业债的产生和存在常伴企业的生存和发展，但企业家往往在企业高歌猛进或歌舞升平时，或多或少地不注重"企业债"的问题，时有时无地忽略"企业债"的危害性，针对"企业债"的日常管控几乎形同虚设，甚至部分企业丝毫没有管控措施，任由"企业债"野草般蔓延疯长。自然人会在不断遭受痛苦进而修正行为的挫折中成长、成熟起来，但企业和企业家却不会，因为企业和企业家并不绝对一体。一个企业家可以设立许多企业，一个企业背后也许会有许多企业家，而企业债的痛苦并不直接作用于企业家身上，当企业陷入"企业债"危机时，该企业往往会成为部分企业家抛弃的对象，该企业最终沦为无辜的受害者。若要避免沦为受害者，最好的方法就是自珍自爱，每个企业都需要慎重对待"企业债"，不仅事后应急处理，更需要事前施以科学的防范措施，在企业正常的业务开拓和发展中植入管控"企业债"的芯片，以便随时监控"企业债"的风险值以及风险爆发的临界点。事前防范工作虽可以时常观察企业债的状况，但绝不仅仅限于观察。更重要的是，为企业债危机爆发时的应对措施做好必要的铺垫。

本书前面章节所述的一切应对方法，几乎都需要经验丰富的律师事前在"企业债"产生和发展的过程中预设"机关"，企业未陷入"企业债"危机，则预设的"机关"自然融入在企业体中。一旦企业爆发"企业债"危机，则能在专业律师的指引下随时可以发动预置的"机关"，不敢说全部让风险和危机消失于无形之中，至少可以在一定程度上实现"债务豁免""债务展期"，甚至"债的灭失"。没有经验丰富的律师预设"企业债"中的"机关"，实施时将会面临无数的难题，就算经验无比丰富的债务应对专家也会一筹莫展、束手无策！试想一下，一辆机动车，在过去一年就算从未出过交通事故，也会购买保险。驾驶这辆机动车穿过的每座桥梁，必定都有护栏，虽然几乎无须护栏保护也可以安全驶过。"企业债"的事前防范措施，就是车辆的保险、桥梁的护栏，虽然并不一定用得着，但确实无时无刻地存在着。而富有职业道德的律师，往往会祈祷"保险"和"护栏"永远不发挥作用。

英明神武的企业家若要创立一家伟大的企业，需要对市场和客户事前作出精准的预判，同样，企业家对"企业债"事先防范以及应对措施，也需作出事前精准的安排。如此，企业家便可高枕无忧地享受创业的乐趣和创造社会价值的成就感，而那些隐于无形的事前防范措施，将会是幕后英雄。但幕后英雄不仅限于躲在背后鼓掌喝彩，幕后的事前防范措施将会是最有利的支撑和保障！

后 记

笔者作为职业律师，常常有机会接触或听到企业家对"企业债"的困惑和不解，正是这些企业家朋友的困惑和不解，促使笔者在 2018 年打开电脑埋头码字。恰逢 2008 年世界经济危机十周年，中美贸易摩擦导致外部经济环境恶化，不良信心预判和外部环境双重压力下，致使部分企业债务规模居高不下，企业和企业家处境艰难，笔者以及笔者的律师同人却迎来了争议解决类案件大增的时期。但这没有什么值得欢欣鼓舞的，因为非诉业务同期却大幅缩水。就算争议解决类案件机会增多，企业和企业家对律师服务的需求增幅很大，但企业和企业家购买法律服务的能力同期亦在下降，这是笔者的切身感受！故此，在业务压力和经验思考基础之上，历时一年的码字方才有了本书。必须承认，码字是一个艰难且痛苦的过程，除了业务压力下的时间有限所致，更主要的原因是"企业债"被误解很深。笔者时常在"误解纠偏"和大众常识之间摇摆，偶尔也会失去耐心，荒废时间，暂搁置书写本书。甚至在从众和随波逐流之心驱使下，差一点使得笔者放弃成书的努力，本书大纲随意贴在微信公众号里，许久没有拾起！不过，企业和企业家朋友们的处境，以及期盼求助的眼神，再次打动了我。

每每在"中国裁判文书网"检索本书附录案例时，又坚定了笔者自我认识正确的信念，如此，苦心不负，数易其稿，并在各位同人的鼓励下，终成拙作。但笔者同时深知，对于"企业债"的认识和探索解决方案，本书只是沧海一粟，更多、更优的解决思路和方案，也许都在尝试及酝酿之中，甚至更有众多方案已在悄然实施，只不过没有如笔者一般示人而已。笔者不愿借此书扬名立万，仅愿为企业和企业家解决"企业债"尽绵薄之力，亦不辜负笔者深夜埋头码字的腰酸背痛。行文至此，笔者对妥善解决"企业债"仍怀有极大的信心，也对政府、司法界和学术界怀有良好的期待，更对我国政府应对中美贸易战取得成功坚信不疑。笔者将与各方一道，继续为解决"企业债"各尽己责、不遗余力，方才是企业之幸、社会之福！最后，笔者才学疏浅，本书疏漏之处在所难免，望智者见谅、贤者指正！